Driebanden biljart: Interessante tafelpatrone

Van professionele kampioenskaptoernooie

Toets jouself teen professionele biljartspelers

Allan P. Sand
PBIA Gesertifiseerde biljart-instrukteur

ISBN 978-1-62505-245-2
PRINT 7x10

ISBN 978-1-62505-388-6
PRINT 8.5x11

First edition

Published by Billiard Gods Productions.

Santa Clara, CA 95051

U.S.A.

For the latest information about books and videos, go to: http://www.billiardgods.com

Acknowledgements

Wei Chao created the software that was used to create these graphics.

Inhoudsopgawe

Other books by the author …

3 Cushion Billiards Championship Shots (a series)

Carom Billiards: Some Riddles & Puzzles

Carom Billiards: MORE Riddles & Puzzles

Why Pool Hustlers Win

Table Map Library

Safety Toolbox

Cue Ball Control Cheat Sheets

Advanced Cue Ball Control Self-Testing Program

Drills & Exercises for Pool & Pocket Billiards

The Art of War versus The Art of Pool

The Psychology of Losing – Tricks, Traps & Sharks

The Art of Team Coaching

The Art of Personal Competition

The Art of Politics & Campaigning

The Art of Marketing & Promotion

Kitchen God's Guide for Single Guys

Inleiding

Dit is een van 'n reeks Carambolebiljart boeke wat wys hoe professionele biljartspelers besluite neem, gebaseer op die tafeluitleg. Al hierdie skote is van internasionale kompetisies.

Tydens kompetisies gebruik baie van die skote 'n (CB)-pad wat bekend staan as " Rondom die Wêreldpatrone ". Basies is die (CB) pad van 'n huishoek, na 'n lang biljartbanden, kort biljartbanden ,, teenoorgestelde lang biljartbanden, en dan na die tweede OB.

Hierdie skote sit jou in die kop van die biljartspeler, begin met die balposisies (in die eerste tabel getoon). Die tweede tabel uitleg toon wat die biljartspeler besluit het om te doen.

Oor die tabel uitlegte

Elke skoot het twee tabel konfigurasies. Die eerste tafel is die balposisies voor die skoot. Die tweede tafel is hoe die balle op die tafel beweeg.

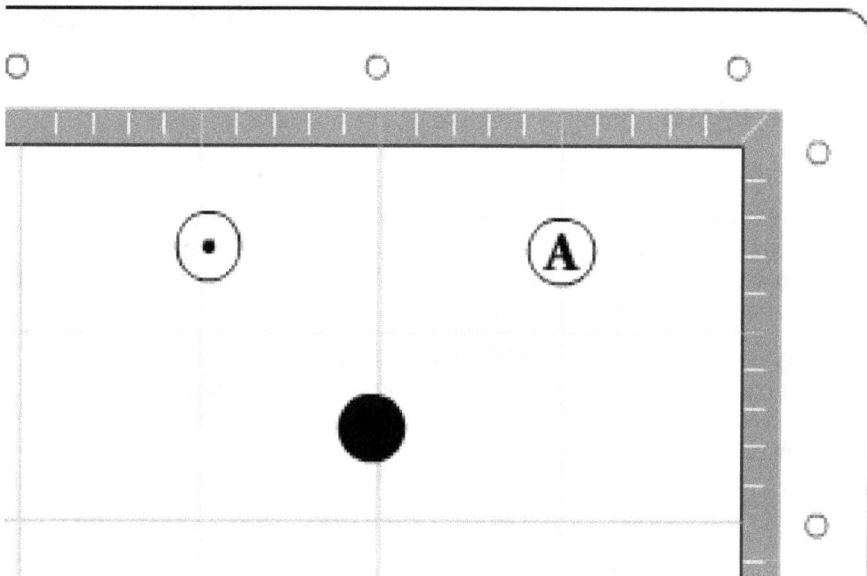

Dit is die drie balle op die tafel:

Ⓐ CB (jou biljartbal)

⊙ OB (teenstander biljartbal)

● OB (rooi biljartbal)

Elke tabel grafiese in hierdie boek is 'n swart en wit voorstelling van 'n standaard 5 x 10 carom biljart tafel. Bale word verteenwoordig met hierdie drie simbole.

Tabel Opstel Instruksies

Gebruik papierbindringe om die balposisies te merk (koop by enige kantoorvoorraadwinkel

Plaas 'n muntstuk by elke biljartbanden wat die (CB) sal raak.

Wanneer jy die skoot speel, let op waar die CB-patroon en elke spoorkontak. U mag verskeie pogings benodig aangesien u aanpassings aan die Sertifiseringsliggaam maak om die patroon behoorlik te volg.

Doel van die uitlegte

Hierdie uitlegte word vir twee doeleindes voorsien.

- Jou ontleding - By die woon kan jy oorweeg hoe om die konfigurasie op die eerste tafel te speel. Vergelyk jou idees met die werklike patroon op die tweede tafel. Dink aan jou oplossing en oorweeg opsies. Uit die tweede tabel kan jy ook analiseer hoe om die patroon te volg. Mentally speel die skoot en besluit hoe jy suksesvol kan wees.

- Oefen die tafel opstelling - Plaas die balle in posisie, volgens die eerste tabel konfigurasie. Probeer om dieselfde manier te skiet as die tweede tafelpatroon. Miskien moet jy baie pogings doen voordat jy die regte manier kry om te speel. So kan jy hierdie skote leer en speel tydens kompetisies en toernooie.

Die kombinasie van geestelike analise en praktiese oefening sal jou 'n slimmer

A: Eenvoudige kussing eerste

Dit is interessante konfigurasies. Die (CB) gaan eers in 'n biljartbanden en voltooi dan die telling met 'n ongewone omstandighede.

(A) **(CB)** (jou biljartbal) – (•) **(OB)** (teenstander biljartbal) – ⬤ **(OB)** (rooi bal)

A: Groep 1

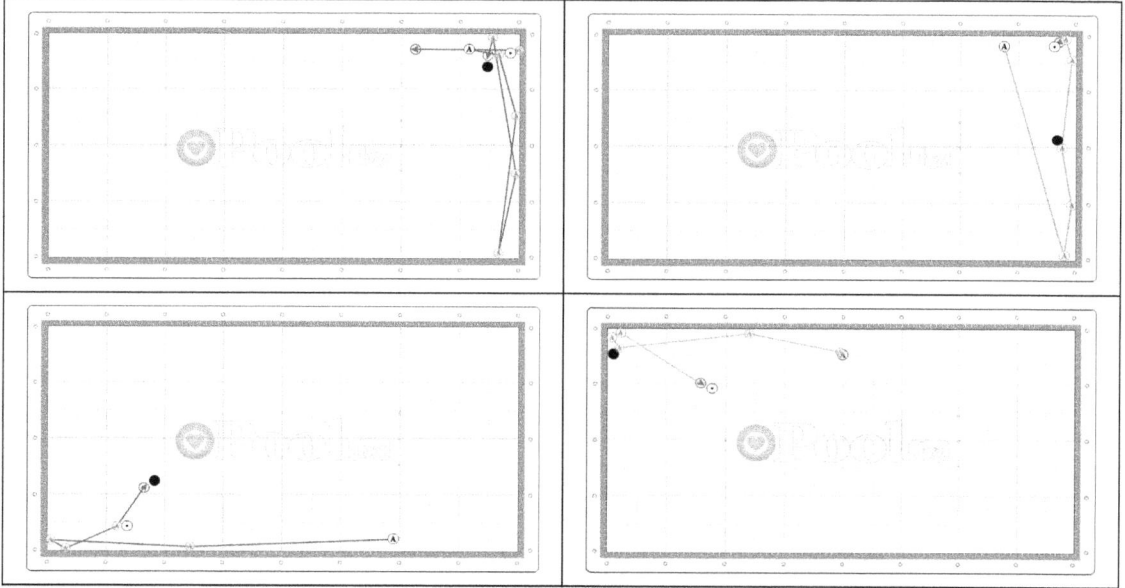

Analise:

A:1a. _____

A:1b. _____

A:1c. _____

A:1d. _____

A:1a – Opstelling

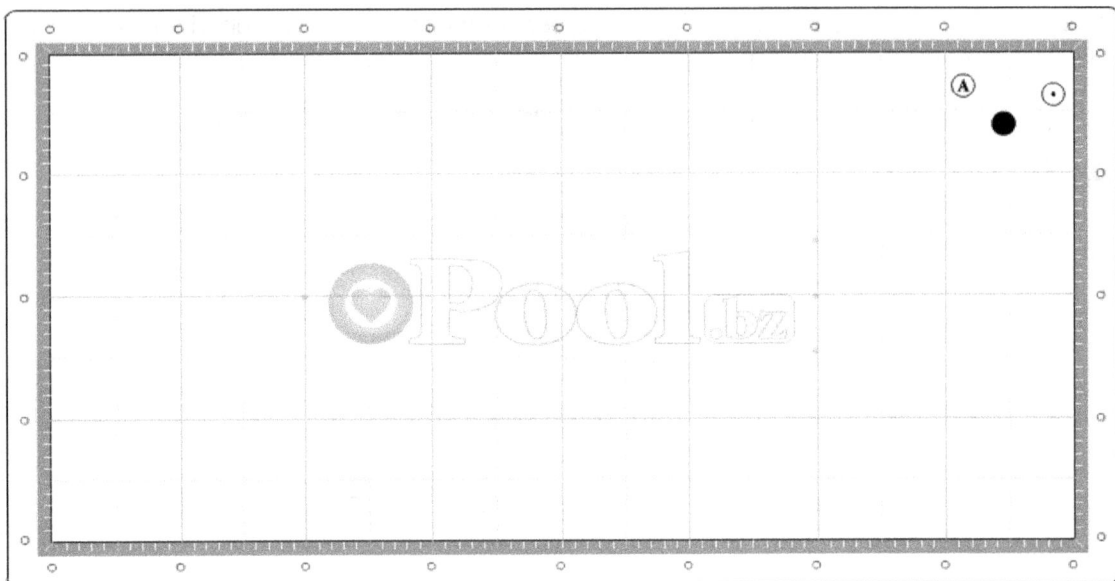

NOTAS VIR JOU IDEES:

Tabelpatroon

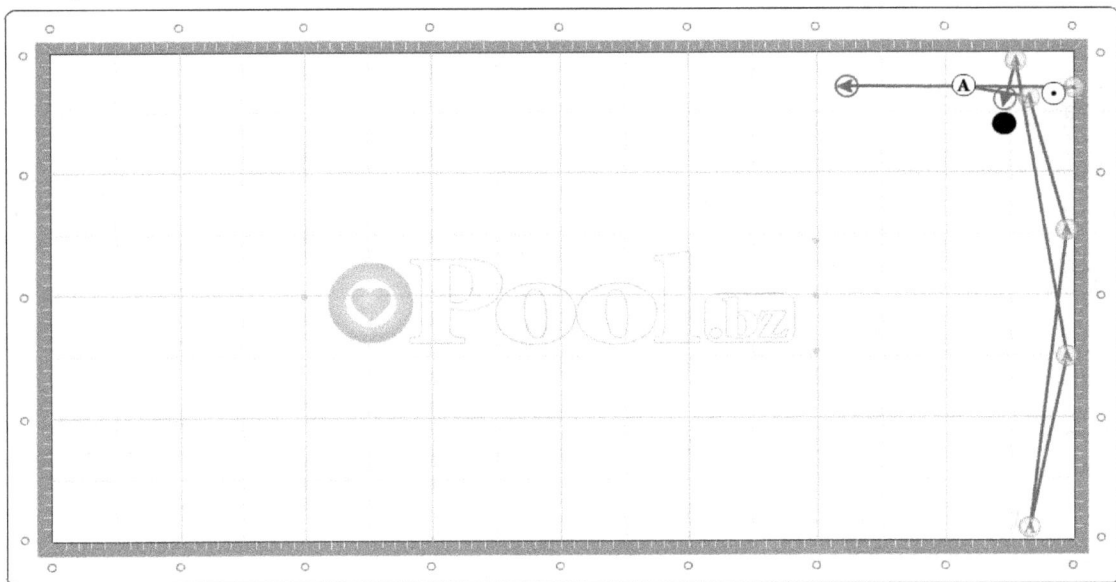

A:1b – Opstelling

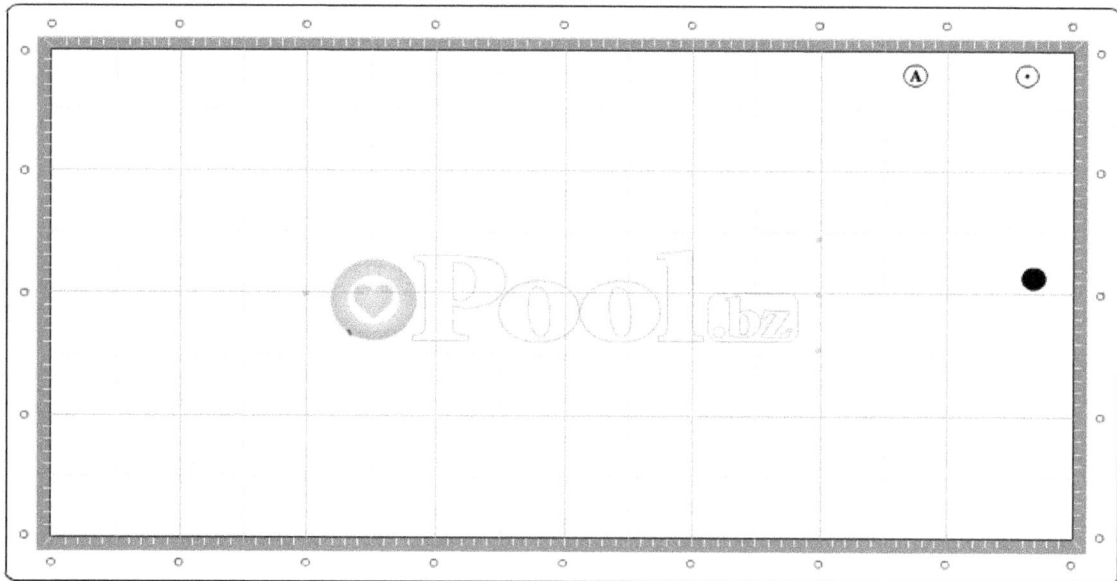

NOTAS VIR JOU IDEES:

Tabelpatroon

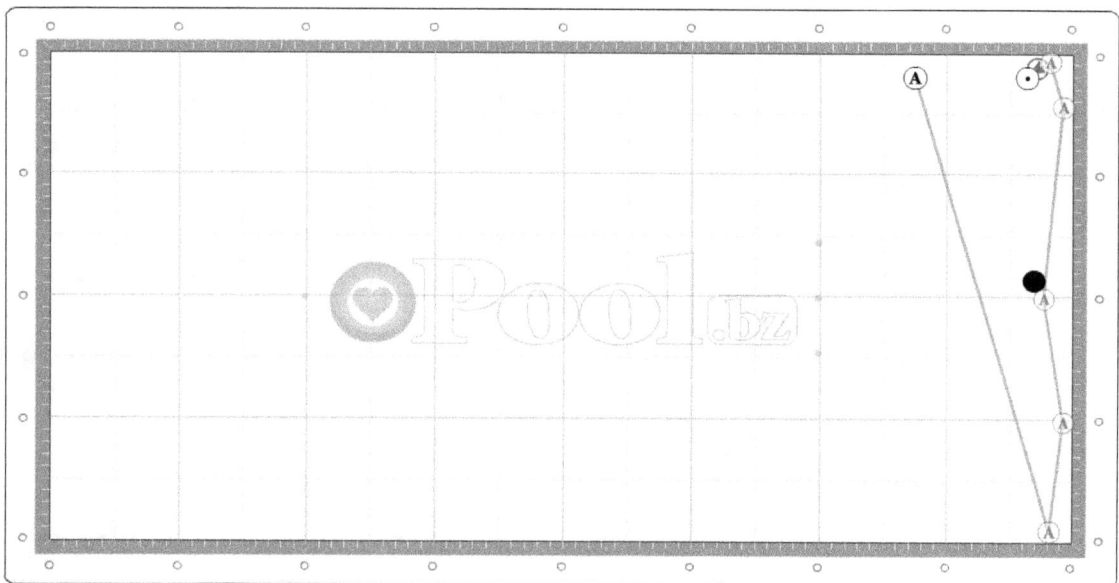

A:1c – Opstelling

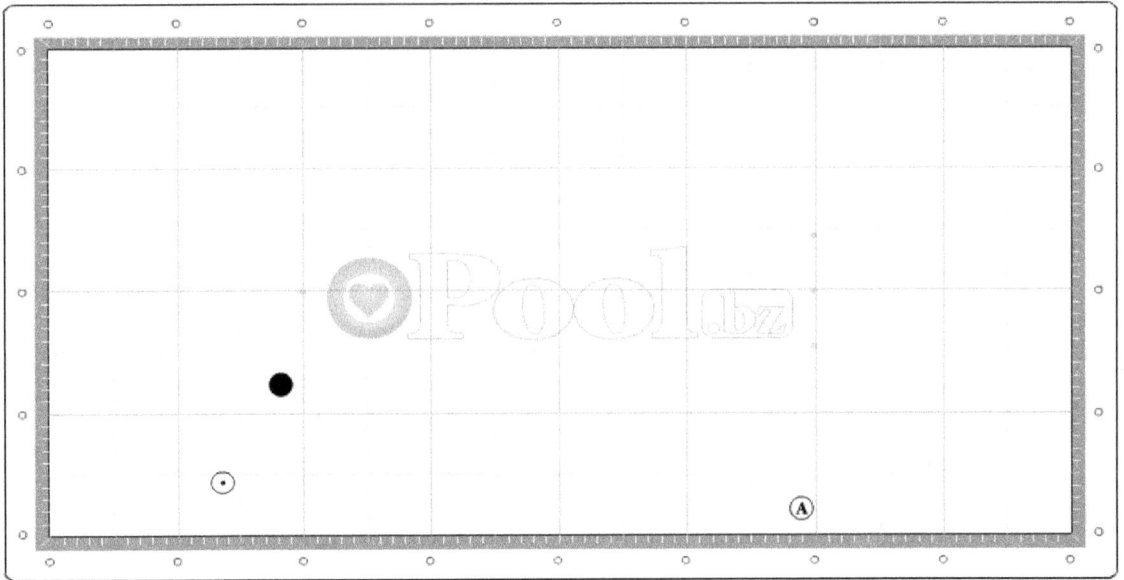

NOTAS VIR JOU IDEES:

Tabelpatroon

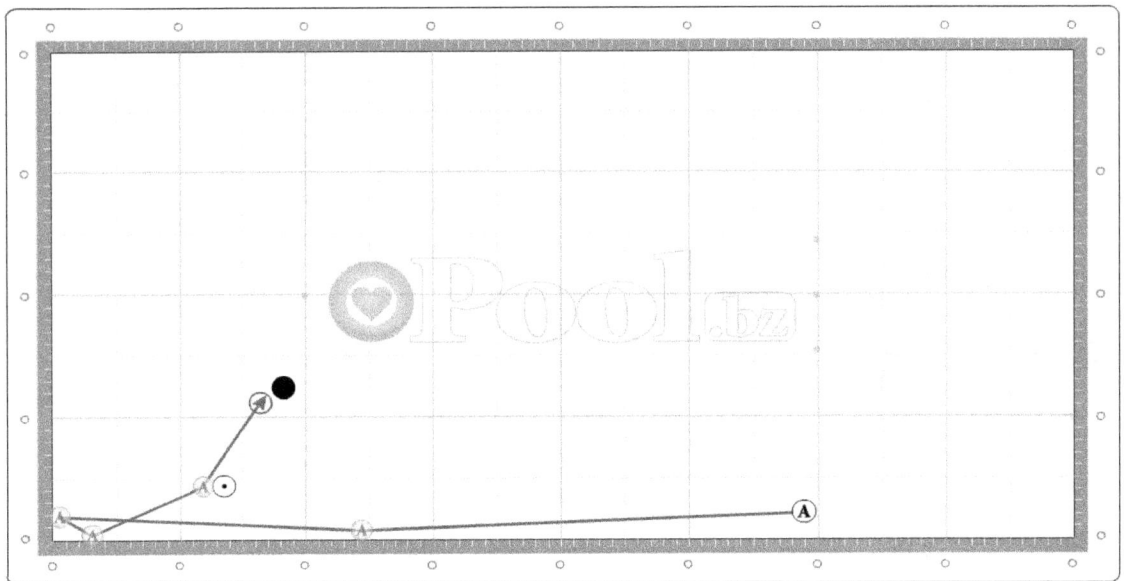

A:1d – Opstelling

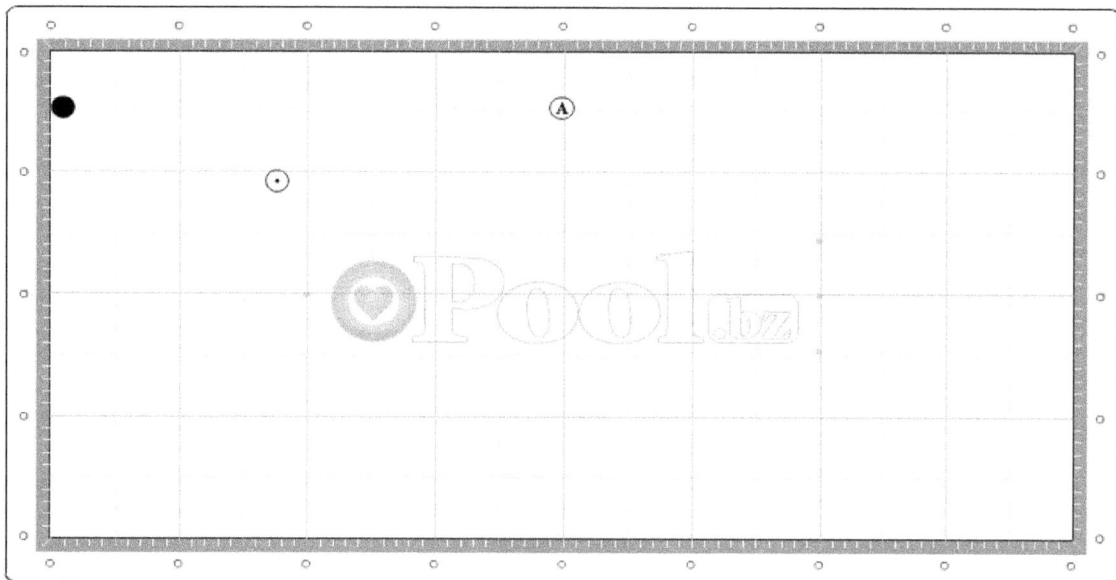

NOTAS VIR JOU IDEES:

Tabelpatroon

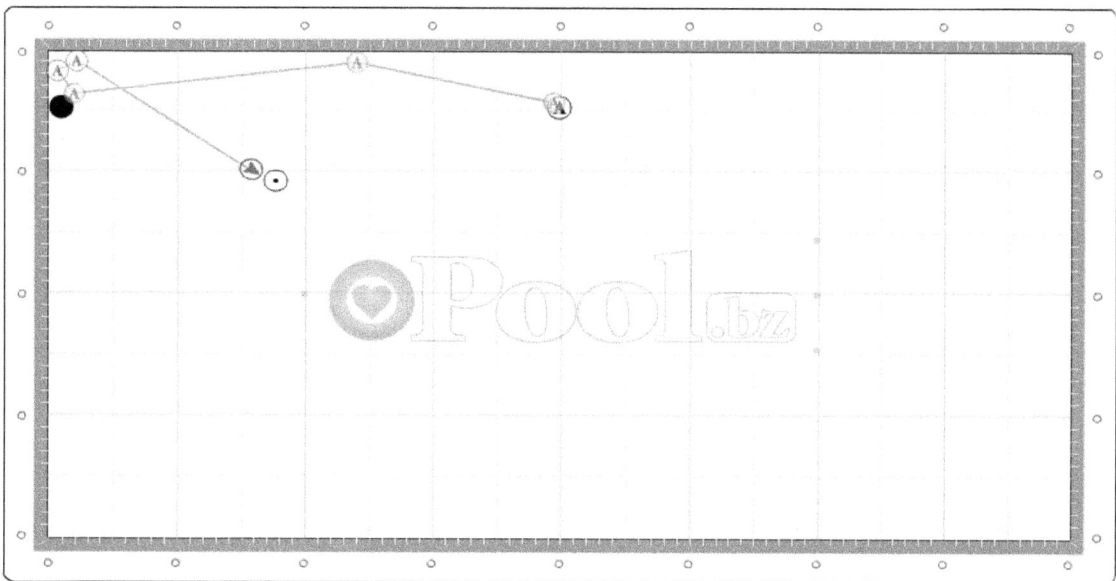

A: Groep 2

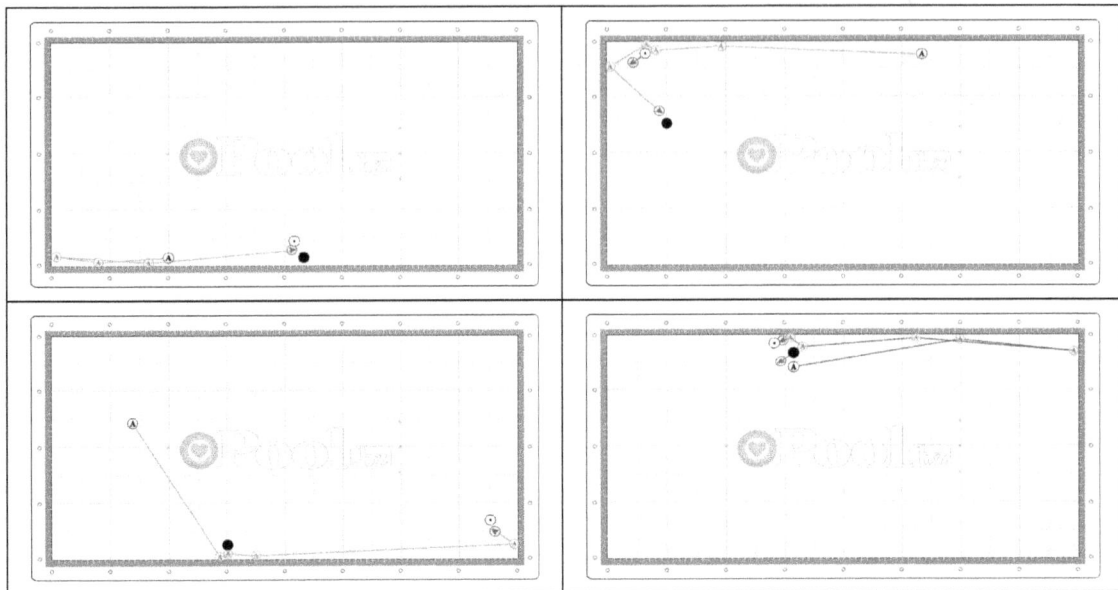

Analise:

A:2a. _____

A:2b. _____

A:2c. _____

A:2d. _____

A:2a – Opstelling

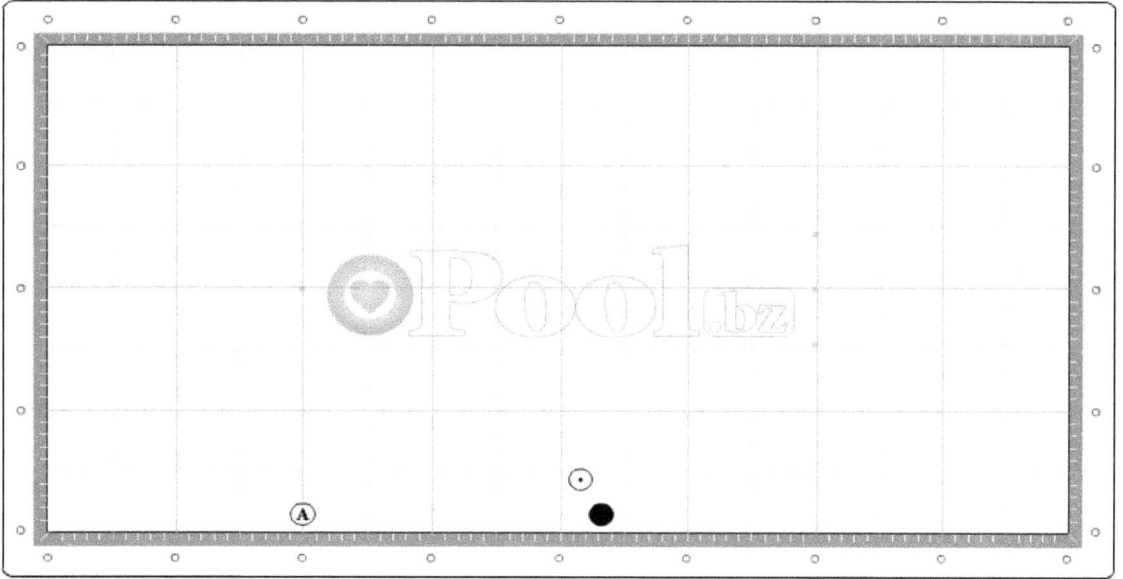

NOTAS VIR JOU IDEES:

Tabelpatroon

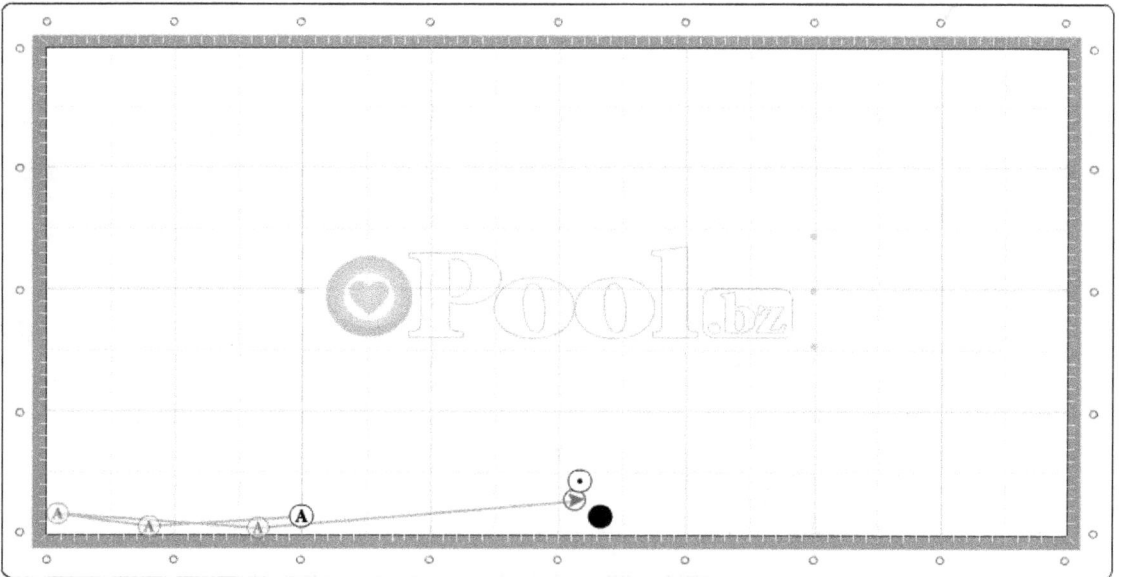

A:2b – Opstelling

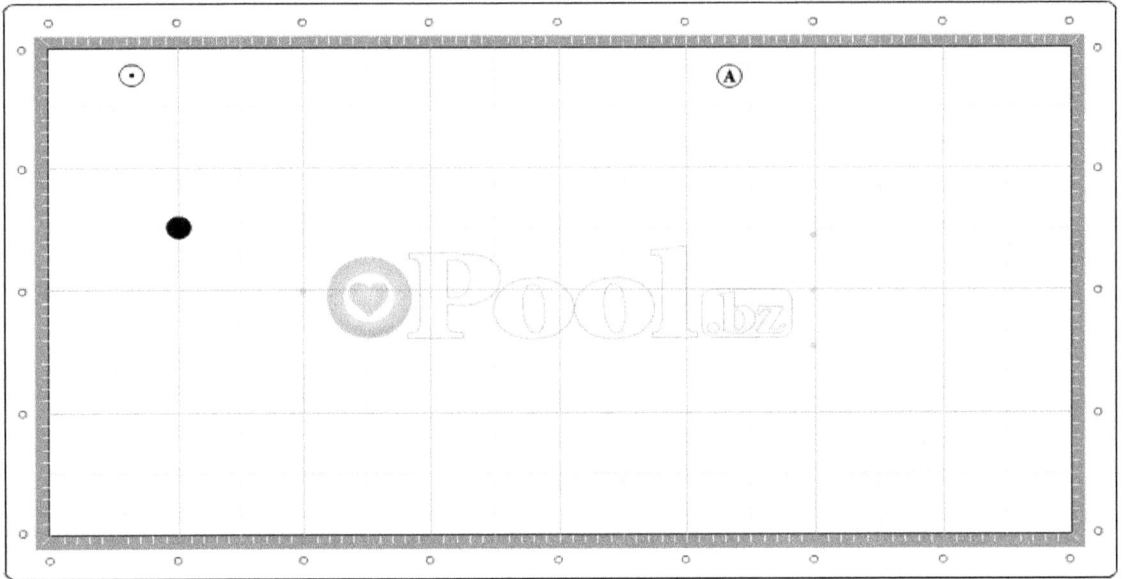

NOTAS VIR JOU IDEES:

Tabelpatroon

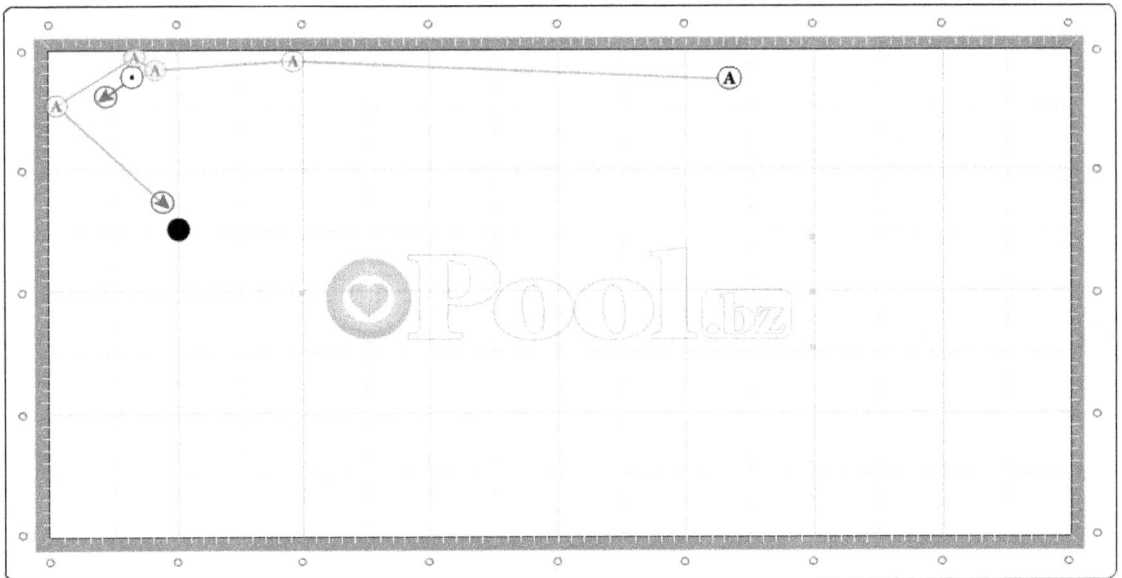

A:2c – Opstelling

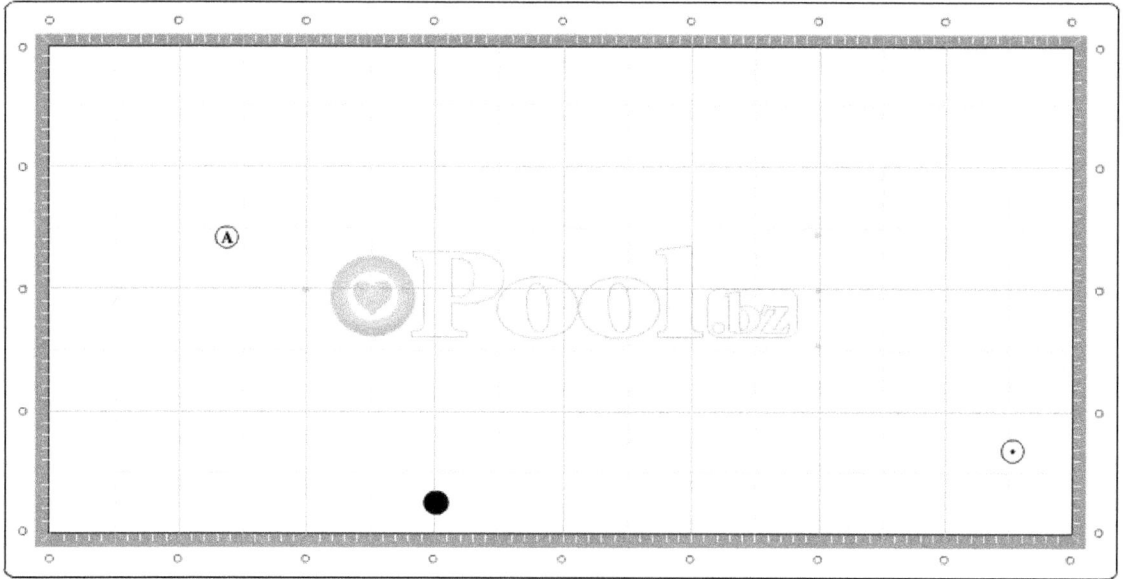

NOTAS VIR JOU IDEES:

Tabelpatroon

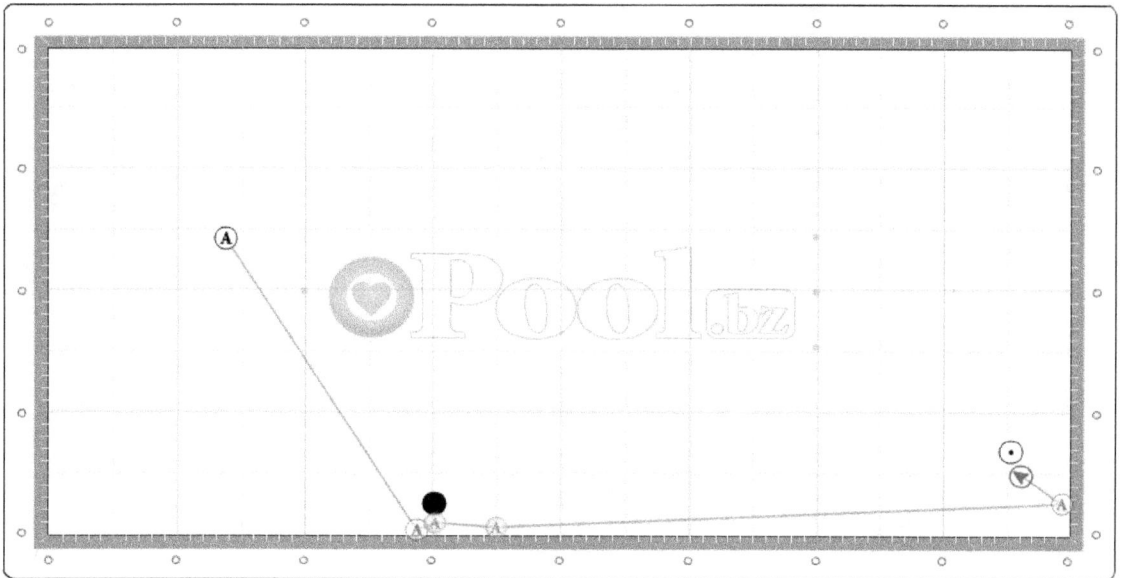

A:2d – Opstelling

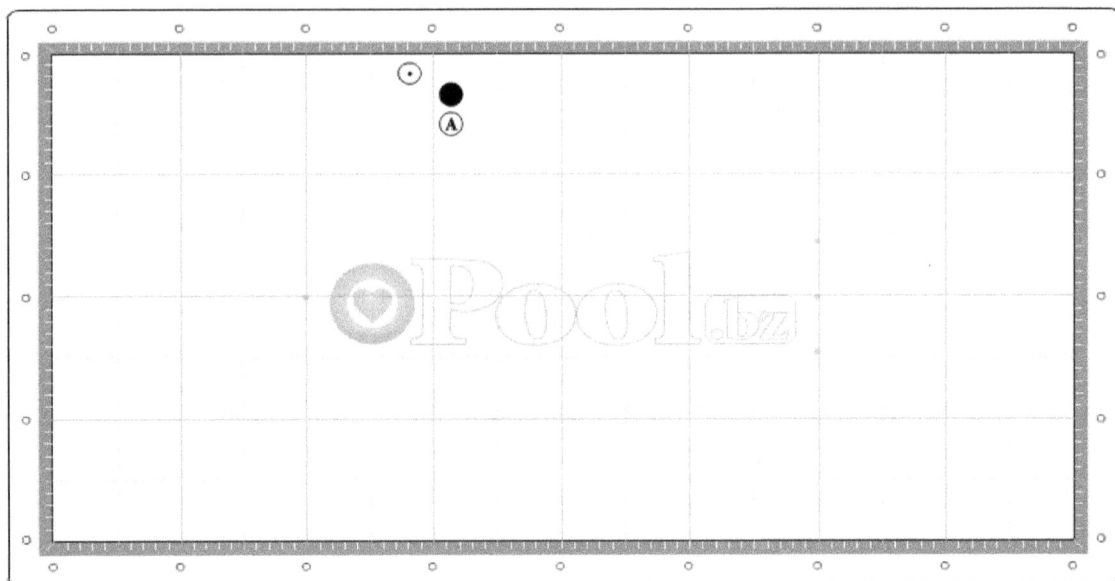

NOTAS VIR JOU IDEES:

Tabelpatroon

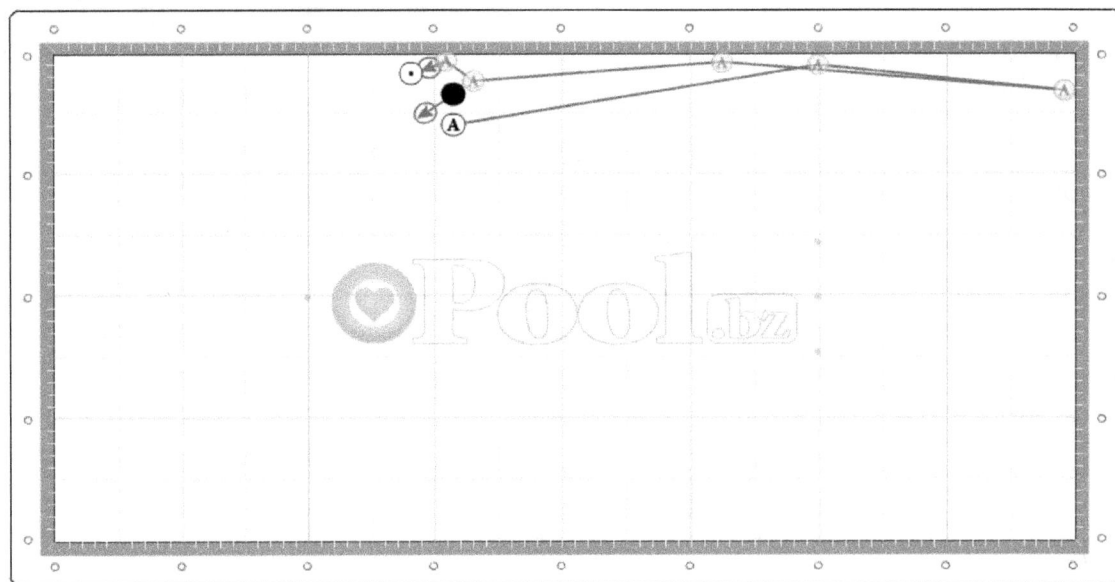

A: Groep 3

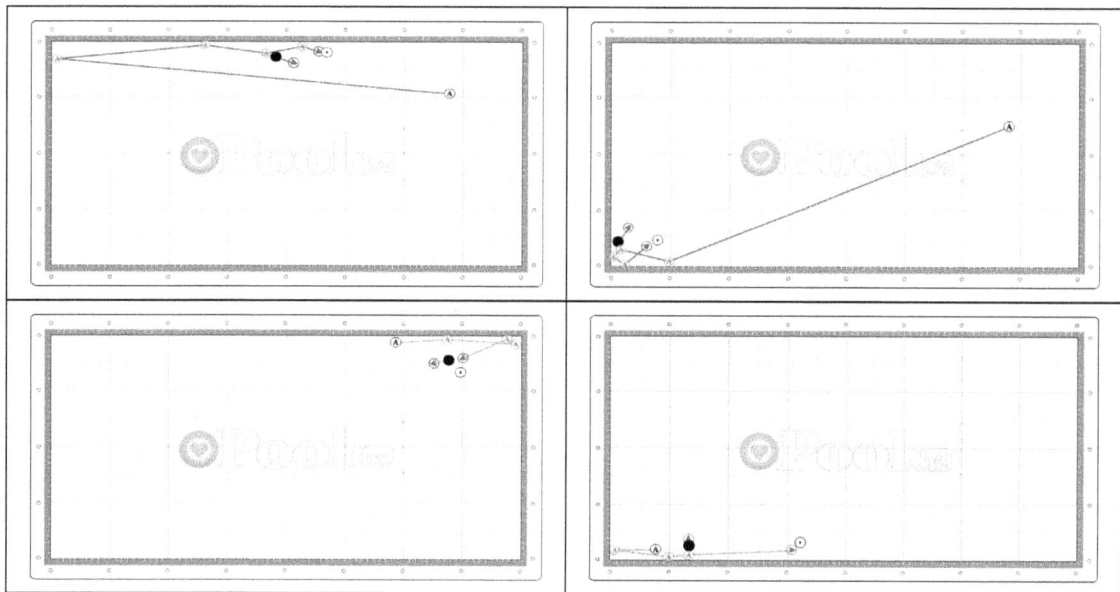

Analise:

A:3a. _____

A:3b. _____

A:3c. _____

A:3d. _____

A:3a – Opstelling

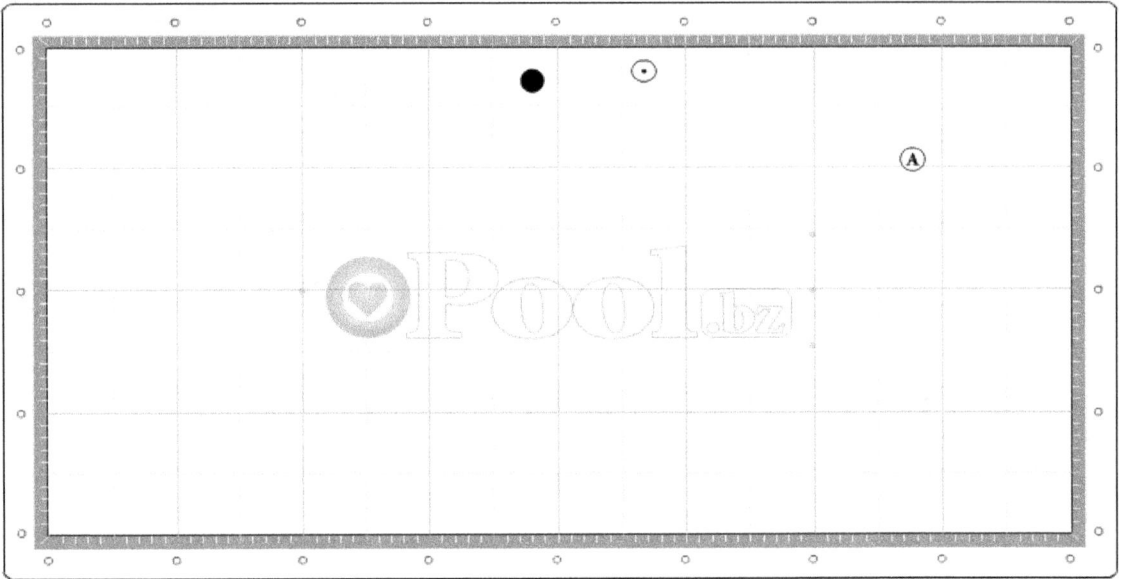

NOTAS VIR JOU IDEES:

Tabelpatroon

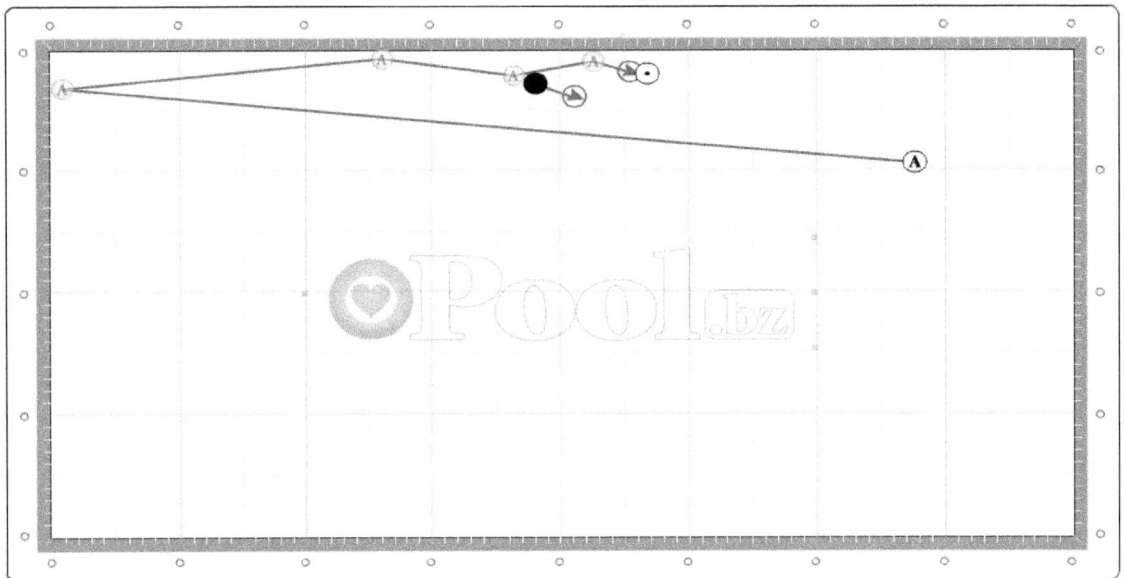

A:3b – Opstelling

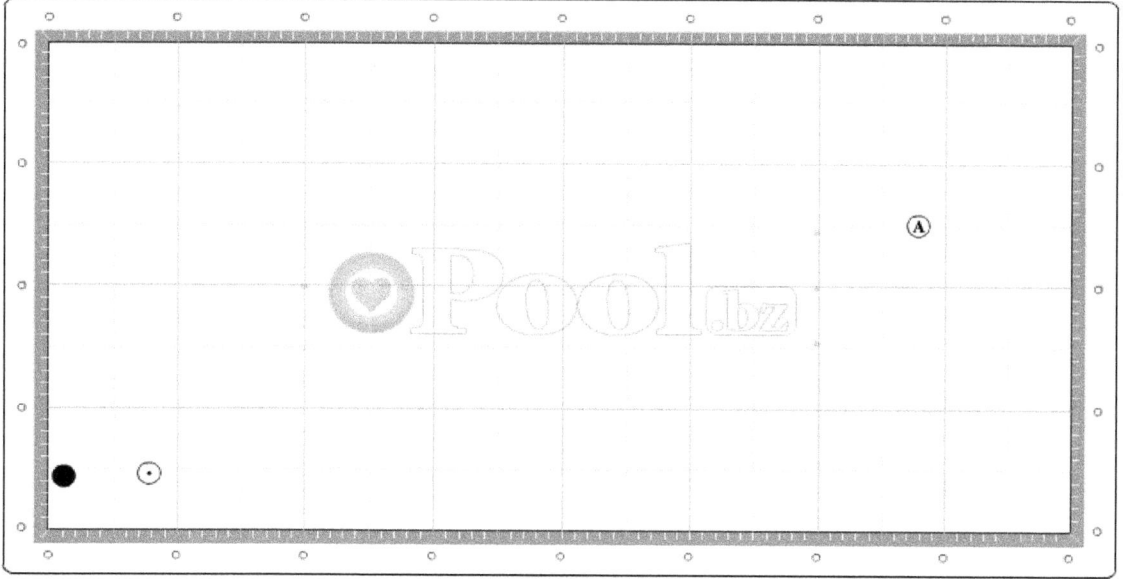

NOTAS VIR JOU IDEES:

Tabelpatroon

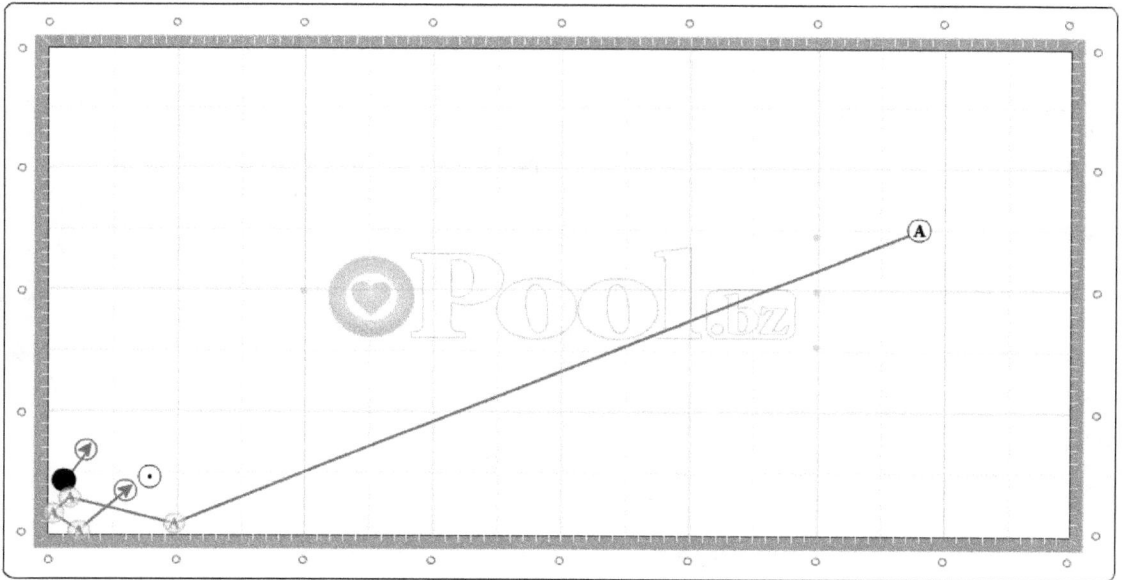

A:3c – Opstelling

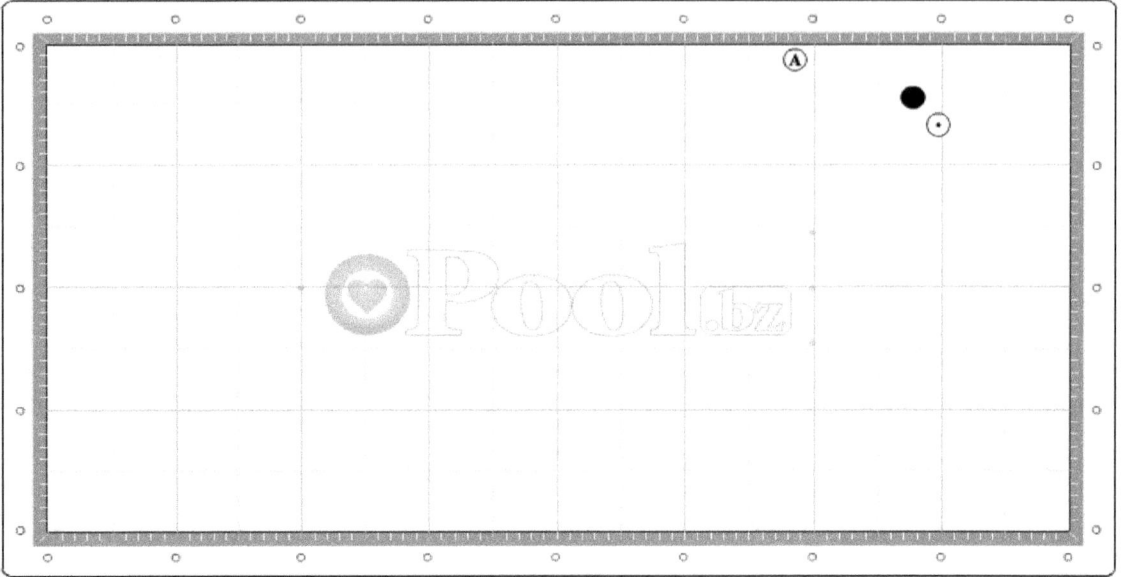

NOTAS VIR JOU IDEES:

Tabelpatroon

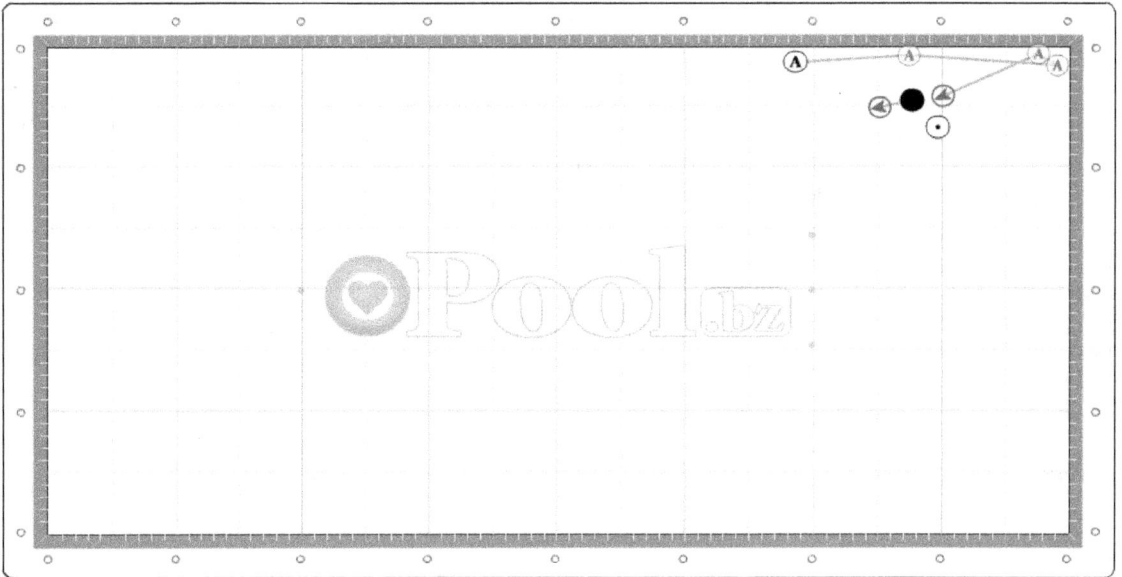

A:3d – Opstelling

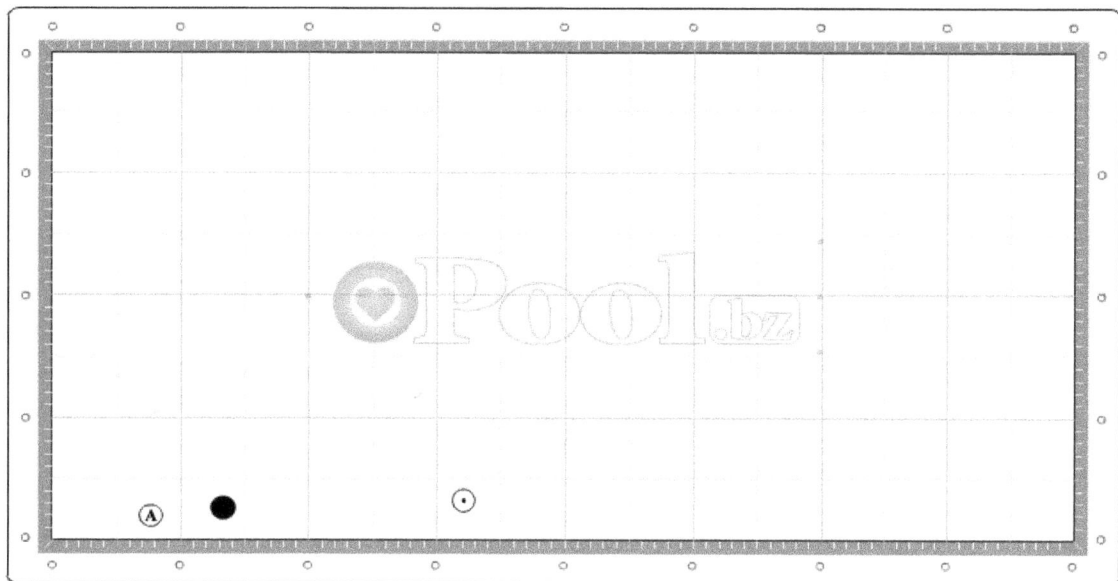

NOTAS VIR JOU IDEES:

Tabelpatroon

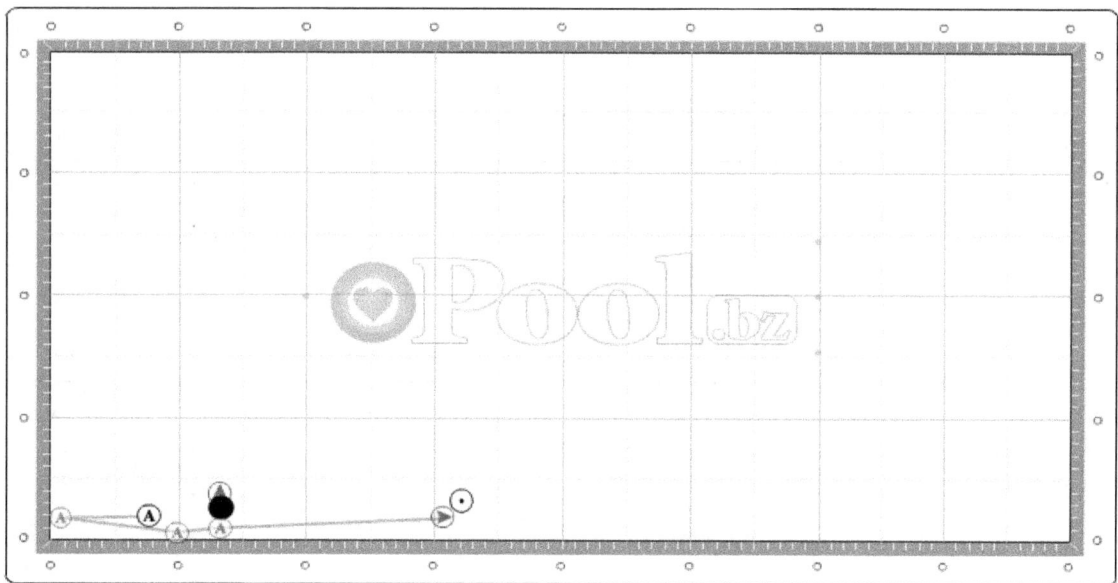

A: Groep 4

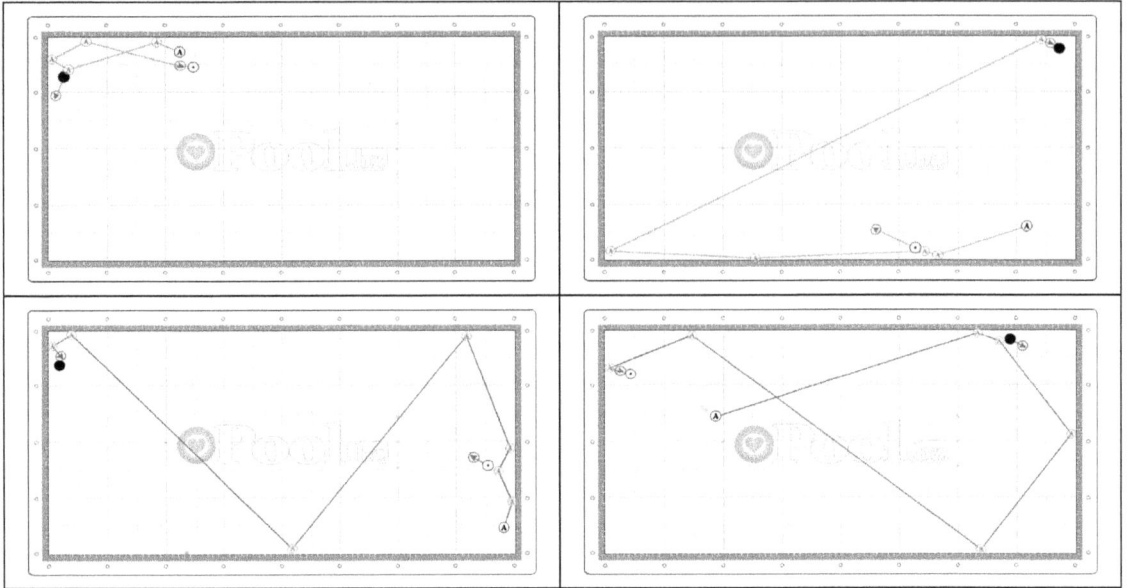

Analise:

A:4a. _____

A:4b. _____

A:4c. _____

A:4d. _____

A:4a – Opstelling

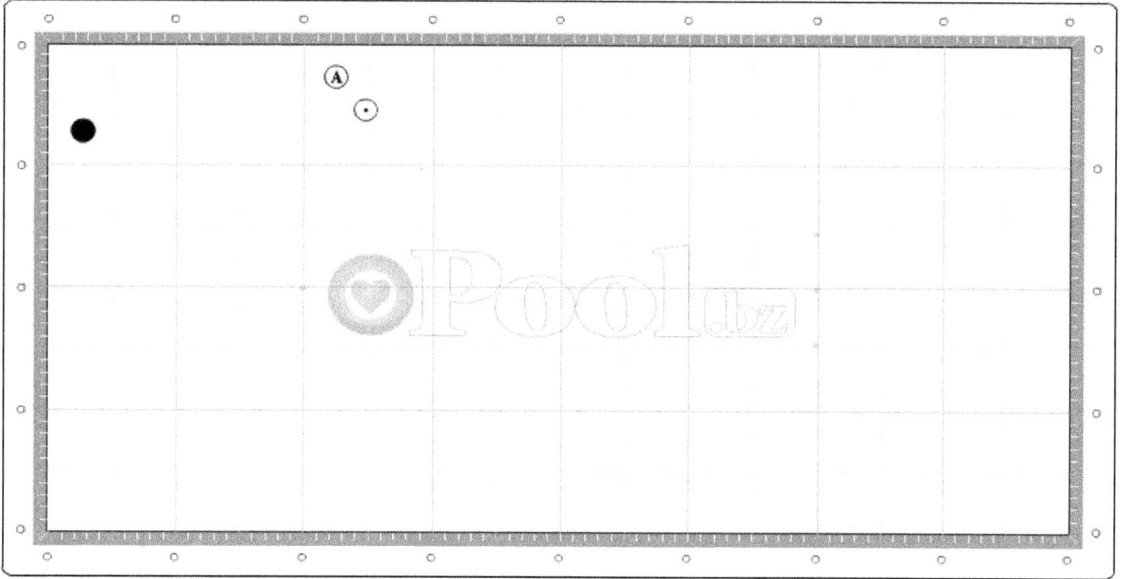

NOTAS VIR JOU IDEES:

Tabelpatroon

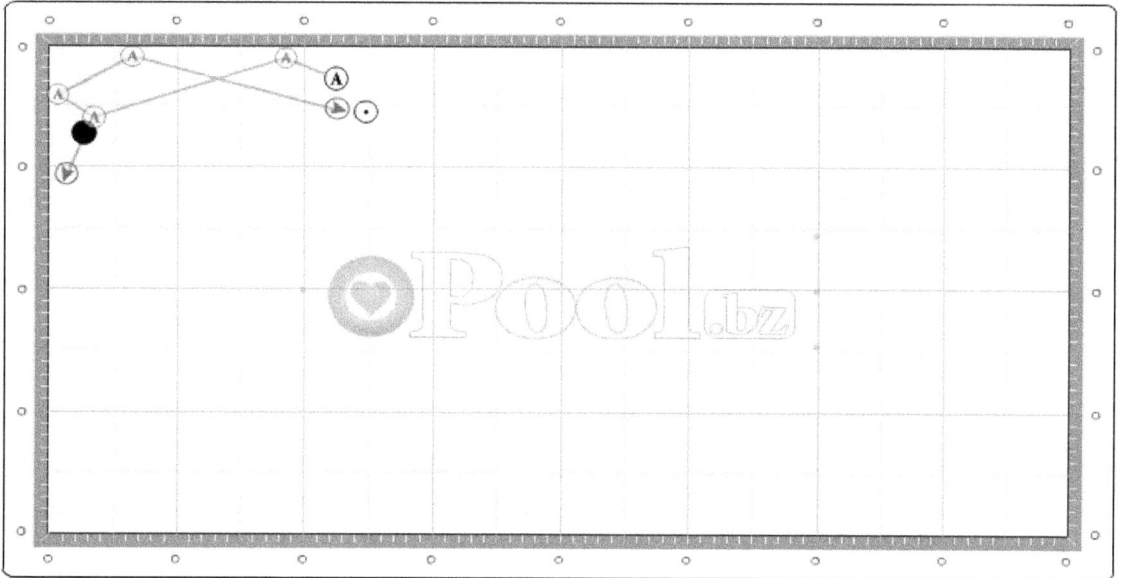

A:4b – Opstelling

NOTAS VIR JOU IDEES:

Tabelpatroon

A:4c – Opstelling

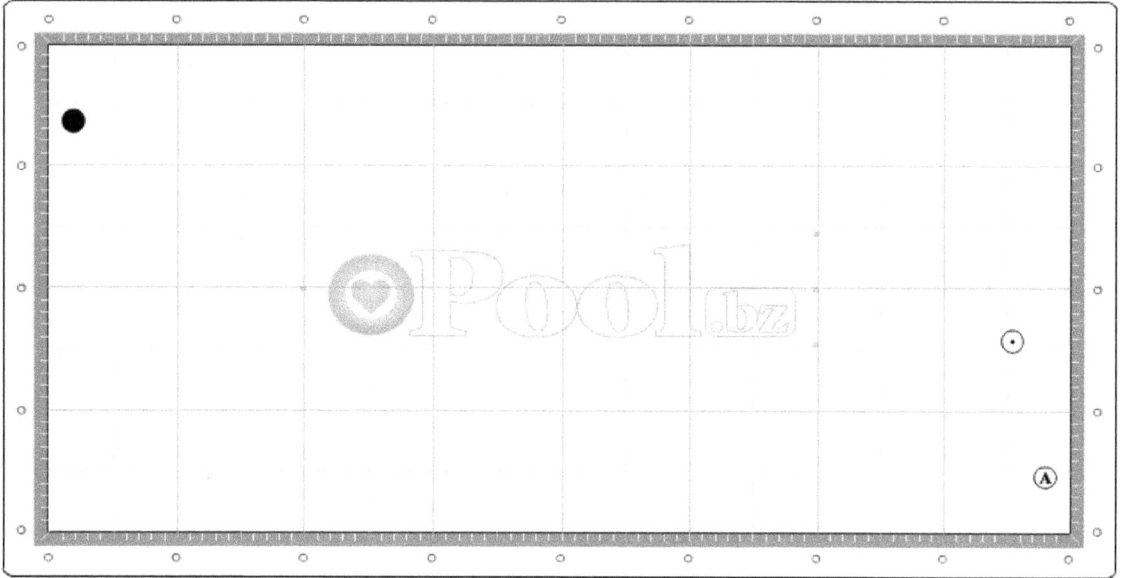

NOTAS VIR JOU IDEES:

Tabelpatroon

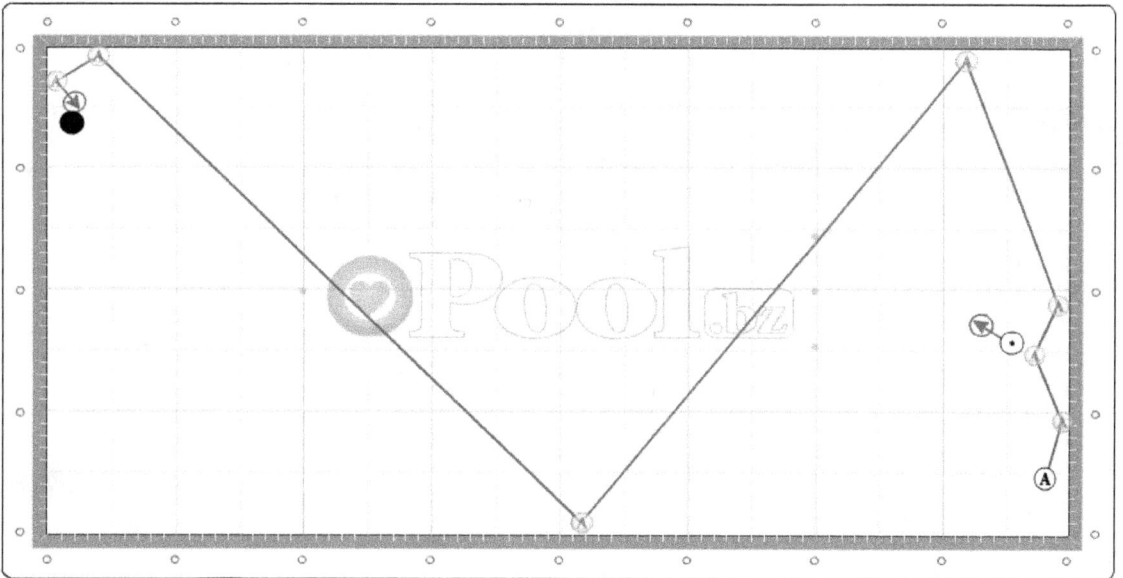

A:4d – Opstelling

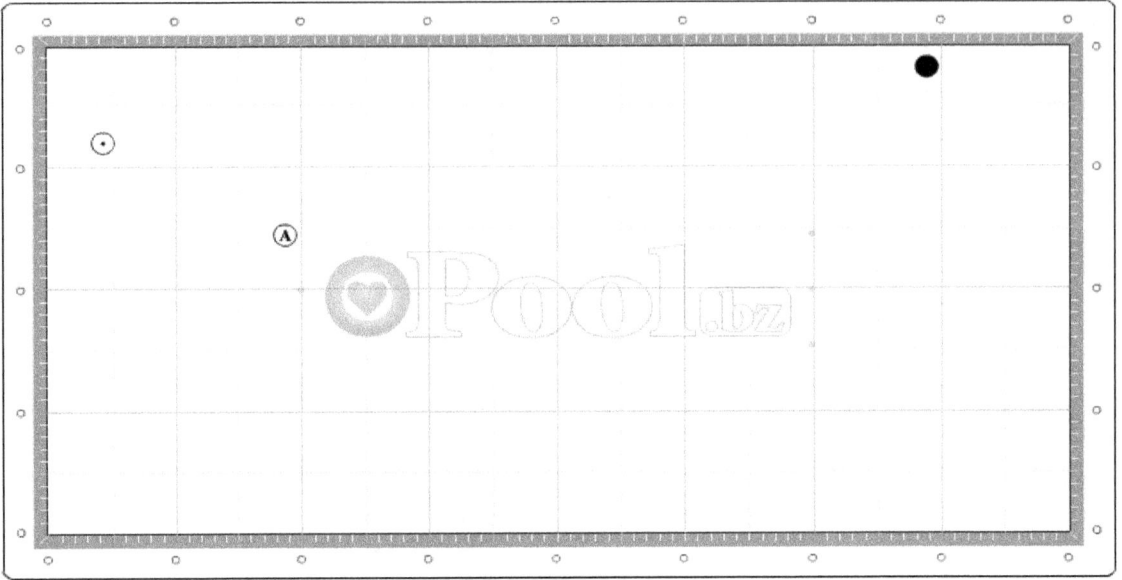

NOTAS VIR JOU IDEES:

Tabelpatroon

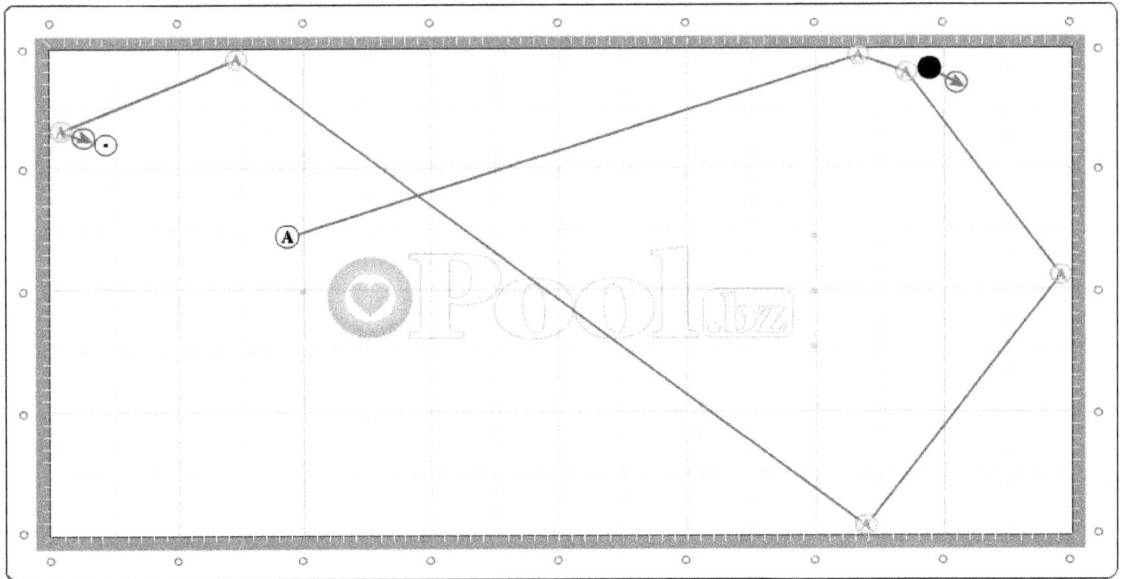

B: Op en af na die kant

Die (CB) gebruik syspin om al die tafelsitekontakte langs een biljartbanden te maak.

Ⓐ **(CB)** (jou biljartbal) – ⊙ **(OB)** (teenstander biljartbal) – ⬤ **(OB)** (rooi bal)

B: Groep 1

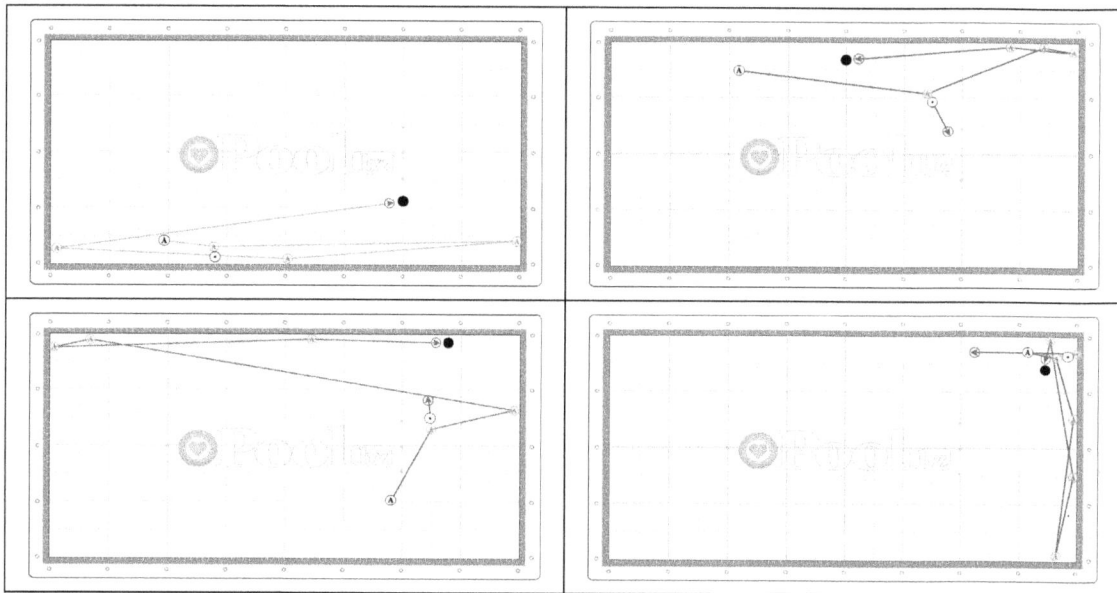

Analise:

B:1a. _____

B:1b. _____

B:1c. _____
|

B:1d. _____

B:1a – Opstelling

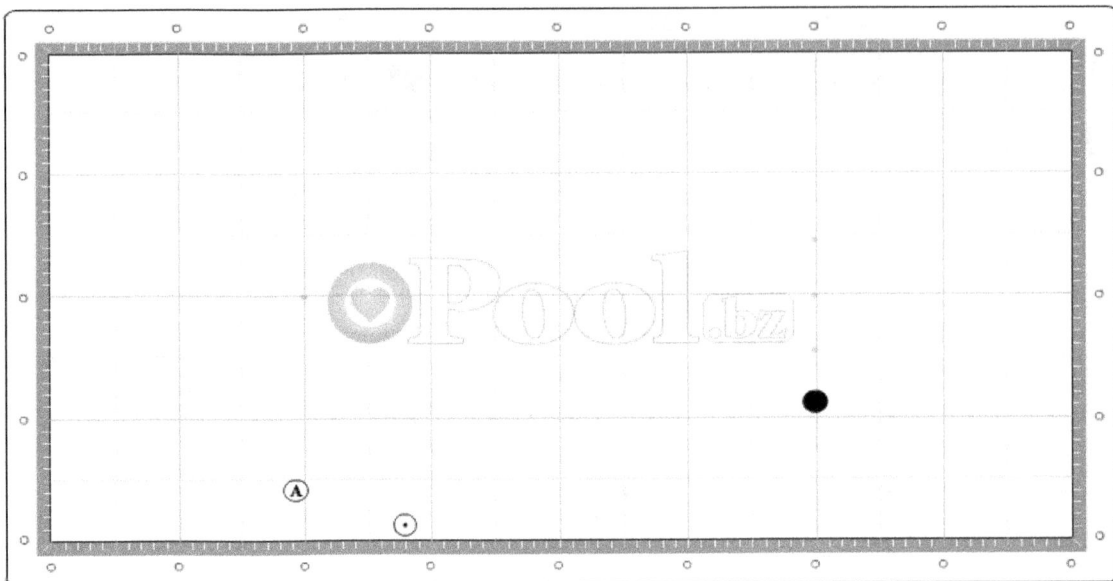

NOTAS VIR JOU IDEES:

Tabelpatroon

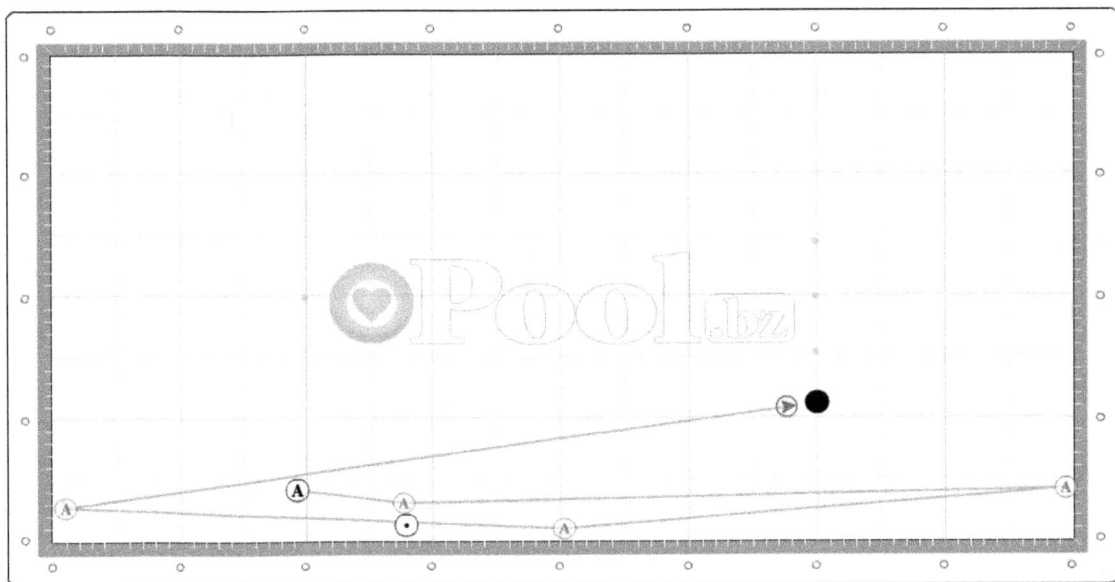

B:1b – Opstelling

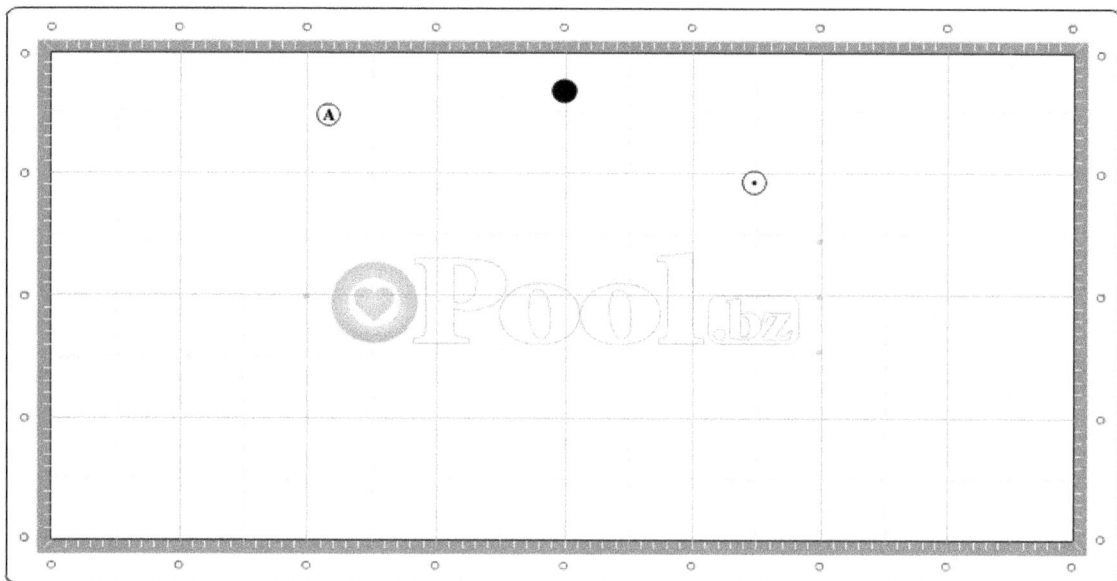

NOTAS VIR JOU IDEES:

Tabelpatroon

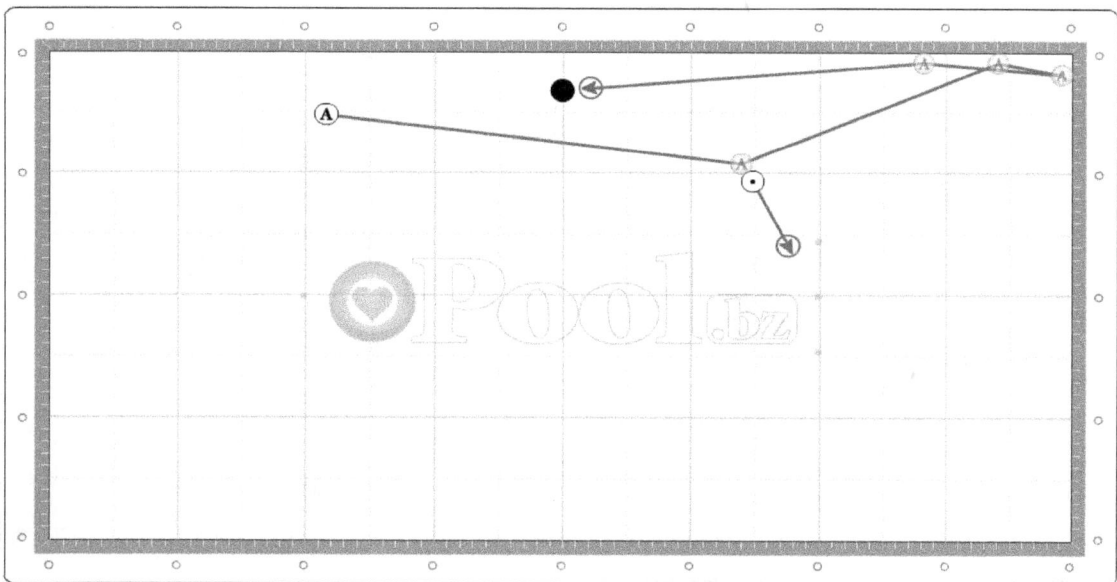

B:1c – Opstelling

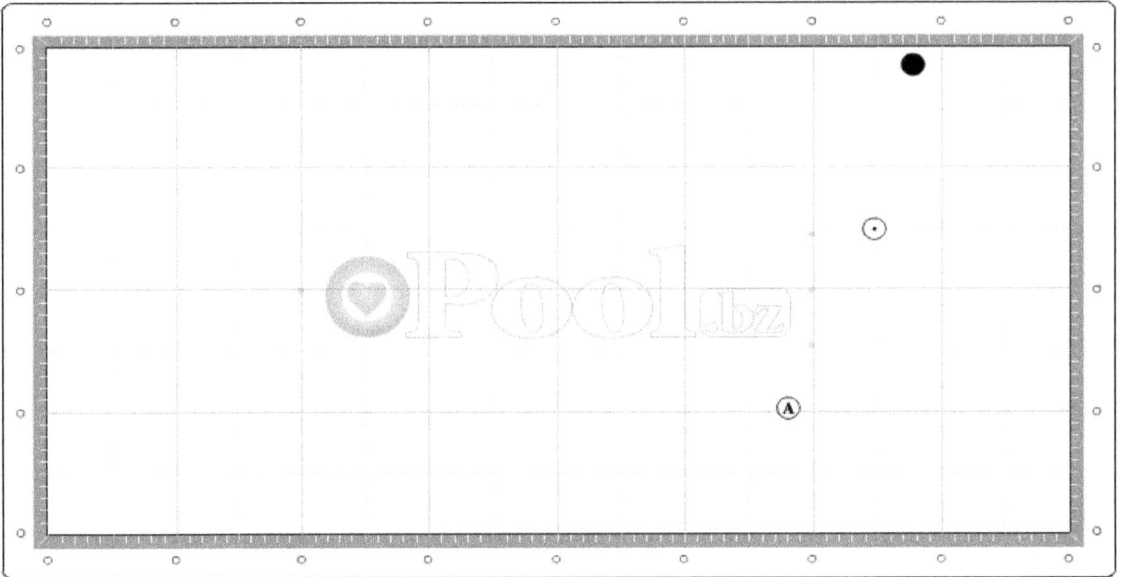

NOTAS VIR JOU IDEES:

Tabelpatroon

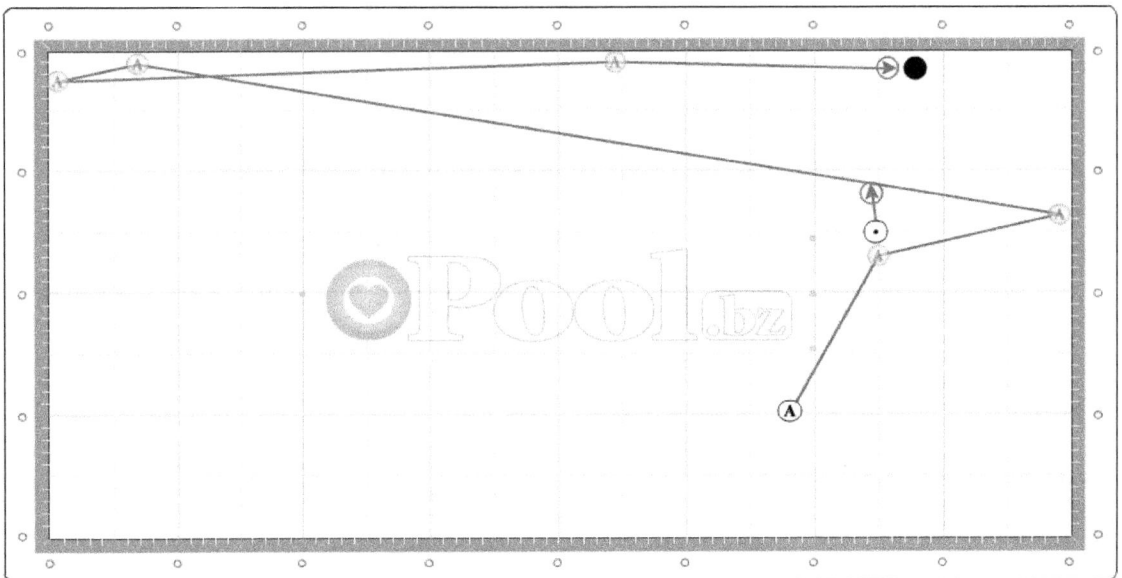

B:1d – Opstelling

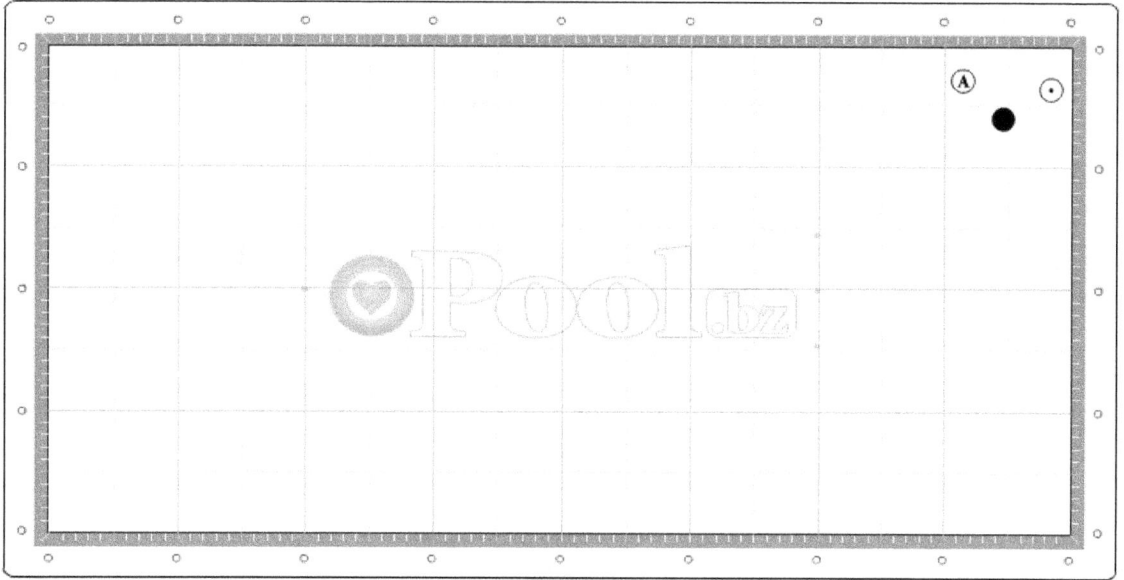

NOTAS VIR JOU IDEES:

Tabelpatroon

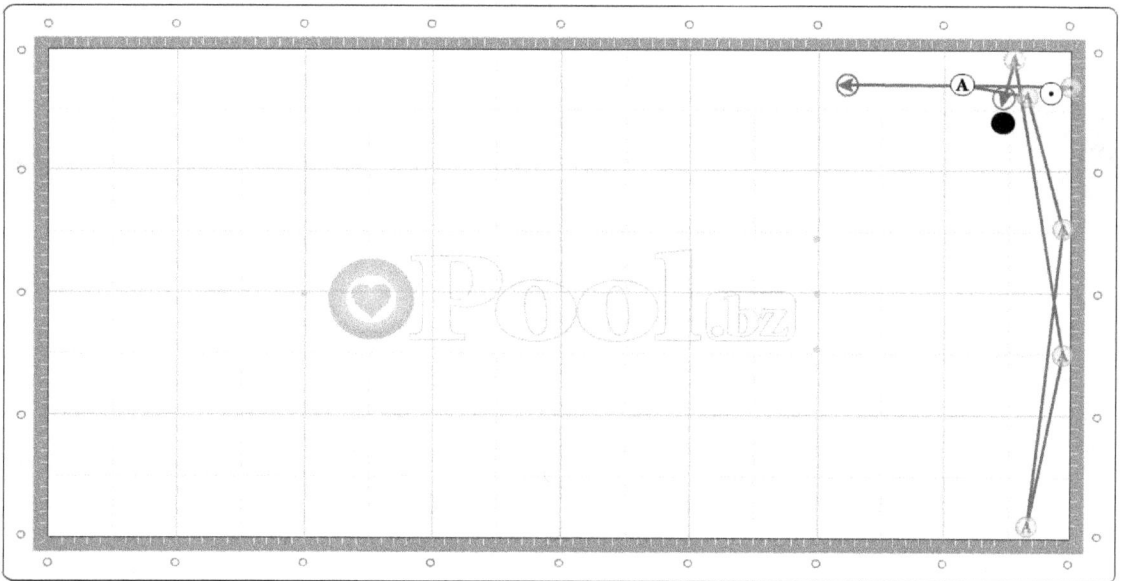

B: Groep 2

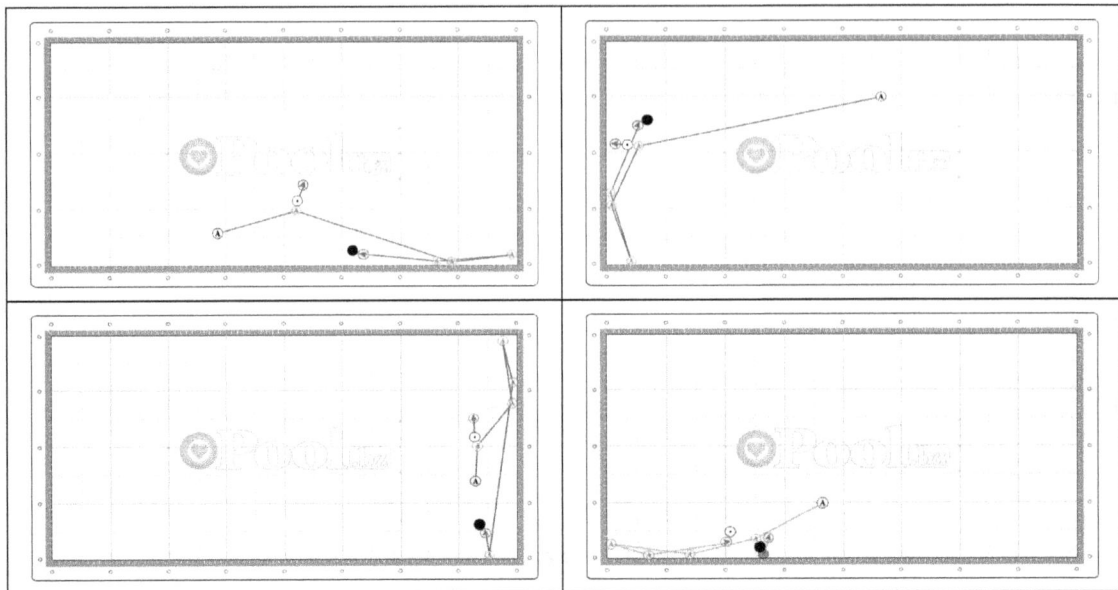

Analise:

A:1a. _____

A:1b. _____

A:1c. _____

A:1d. _____

B:2a – Opstelling

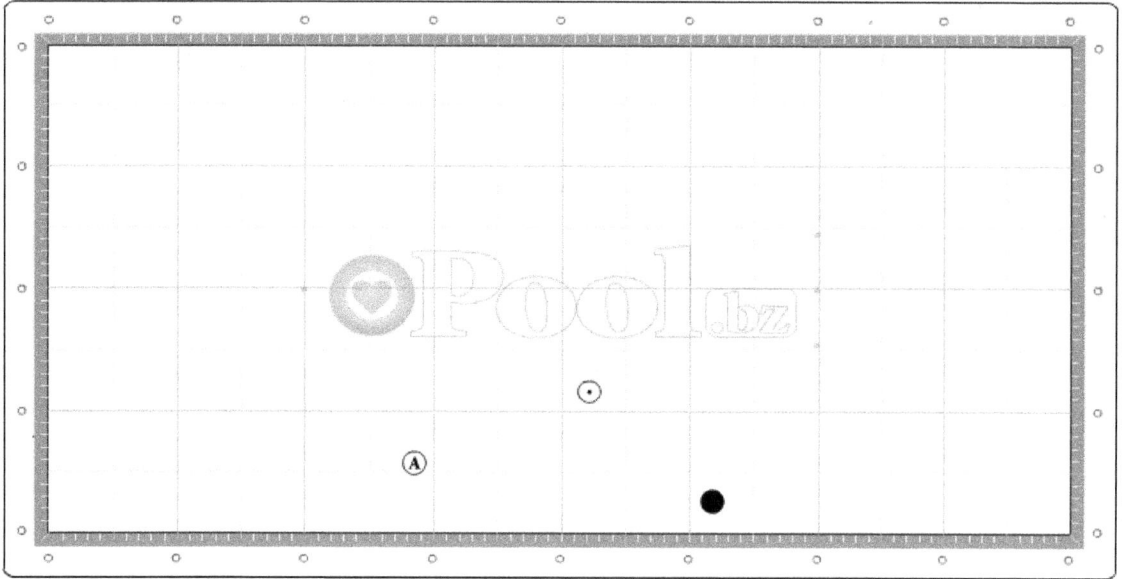

NOTAS VIR JOU IDEES:

Tabelpatroon

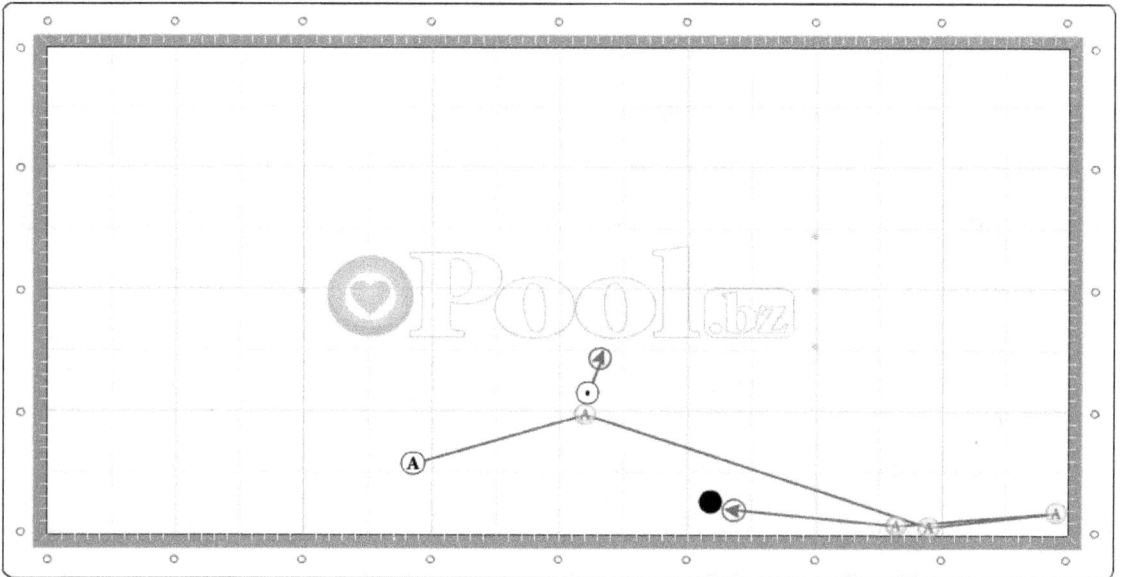

B:2b – Opstelling

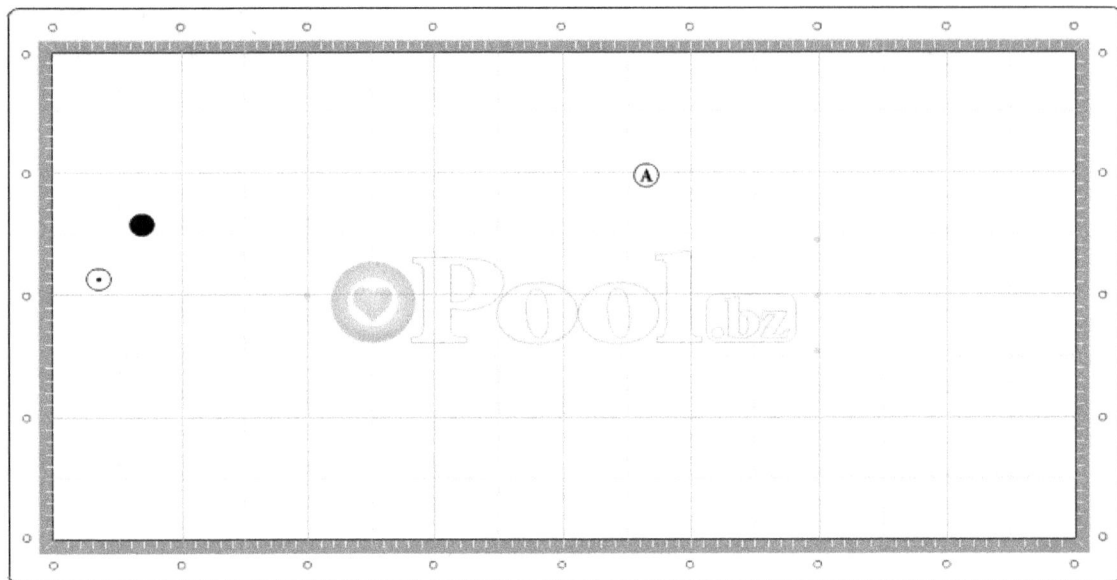

NOTAS VIR JOU IDEES:

Tabelpatroon

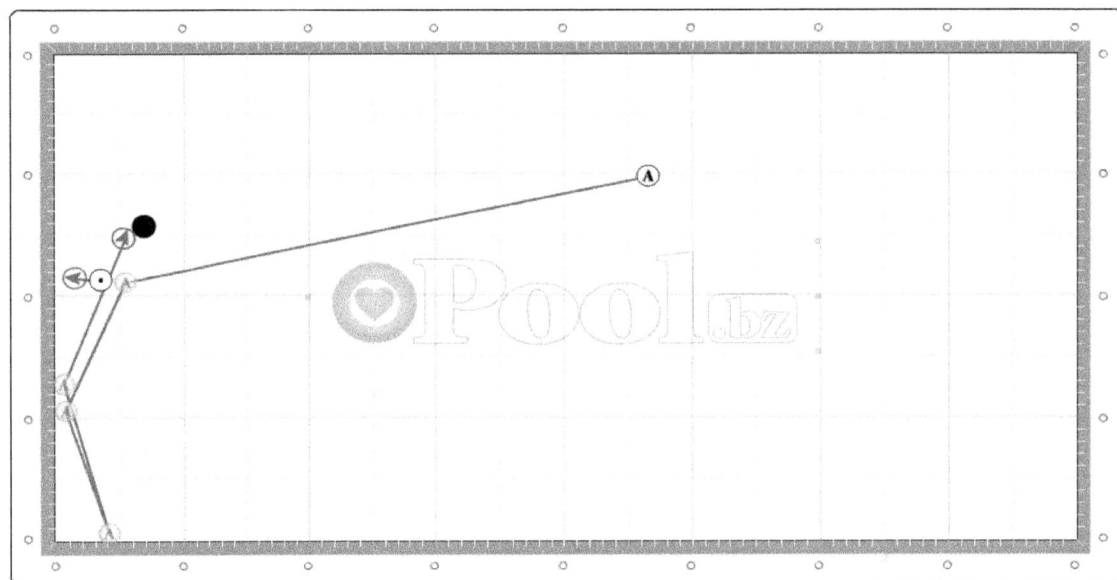

B:2c – Opstelling

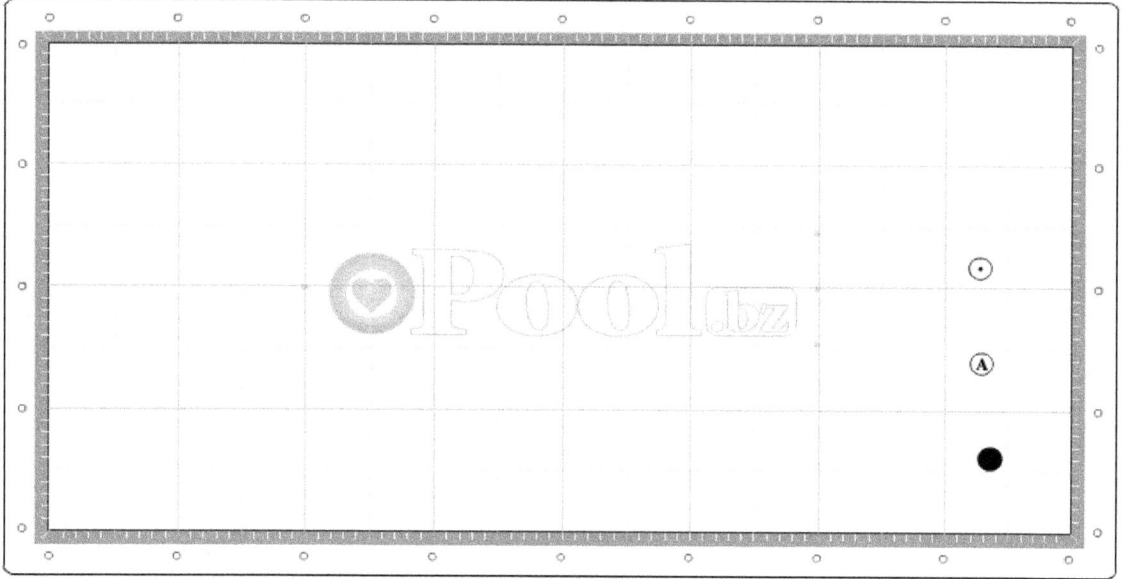

NOTAS VIR JOU IDEES:

Tabelpatroon

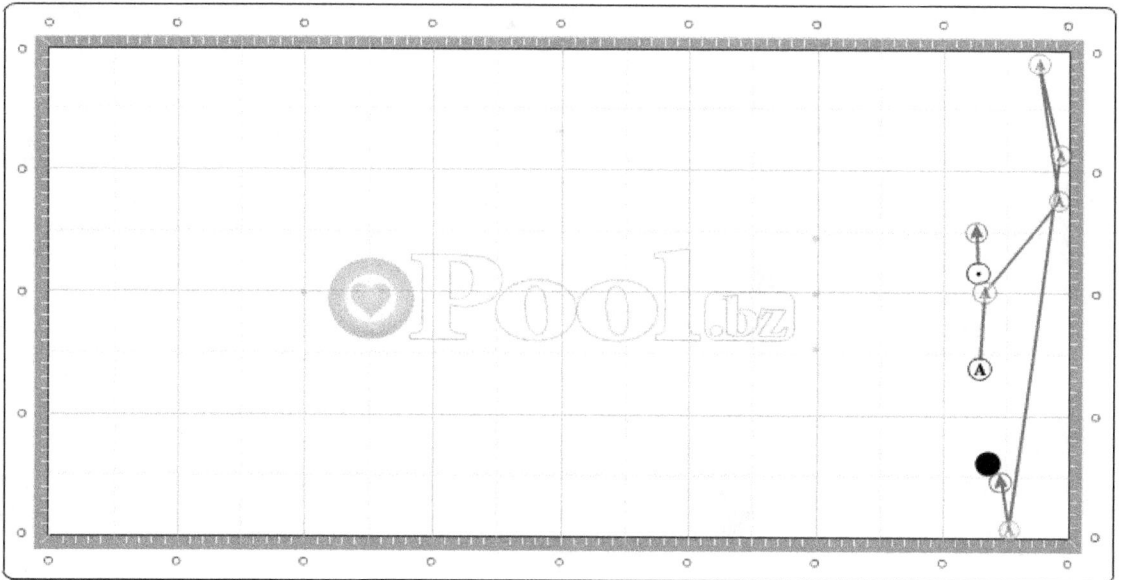

B:2d – Opstelling

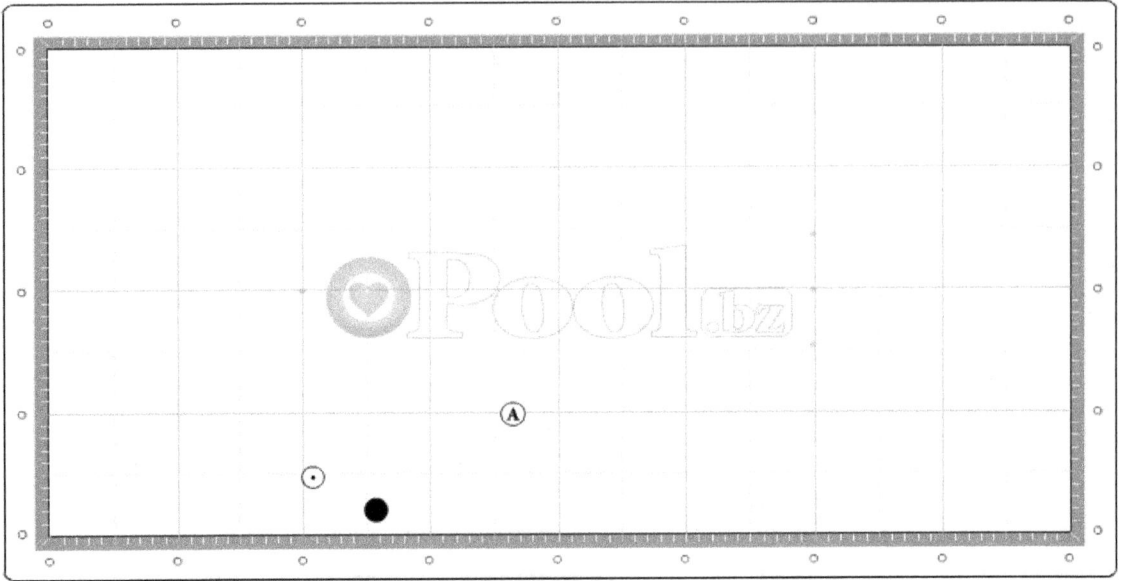

NOTAS VIR JOU IDEES:

Tabelpatroon

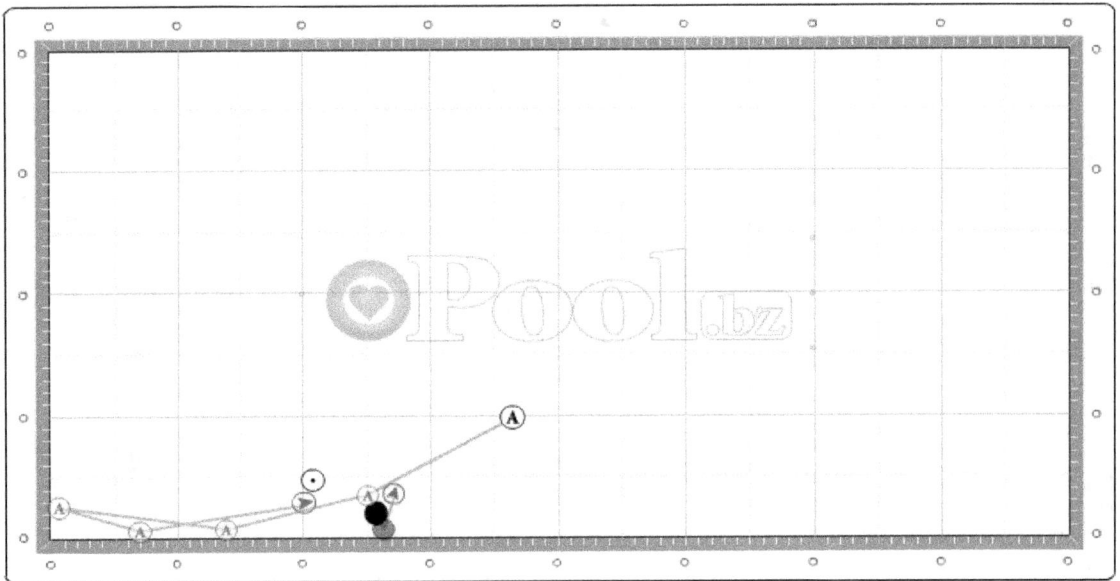

B: Groep 3

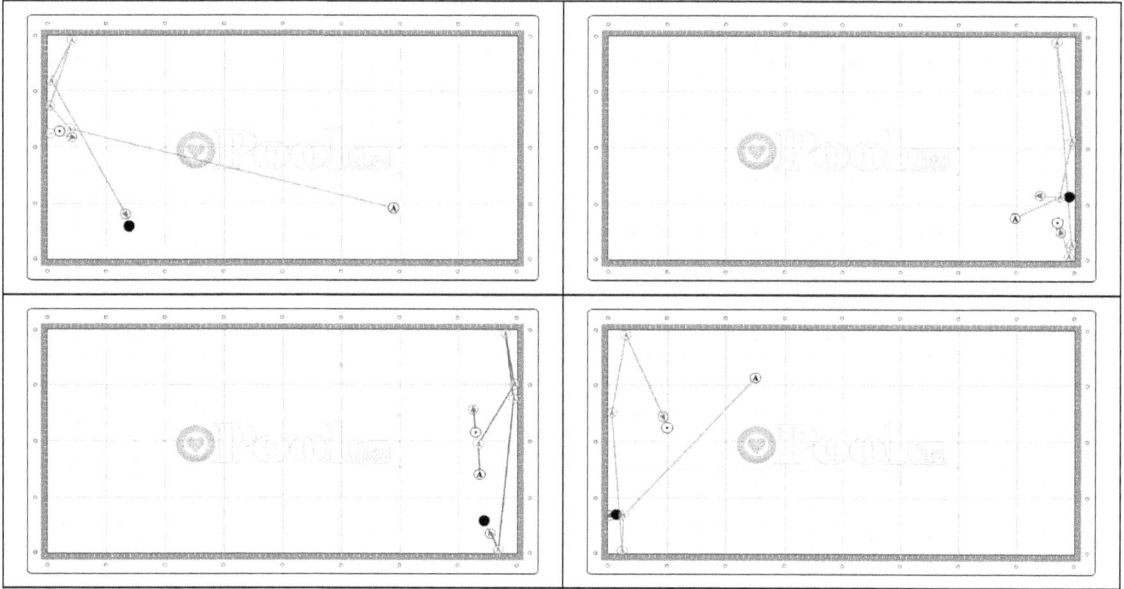

Analise:

B:3a. _____

B:3b. _____

B:3c. _____

B:3d. _____

B:3a – Opstelling

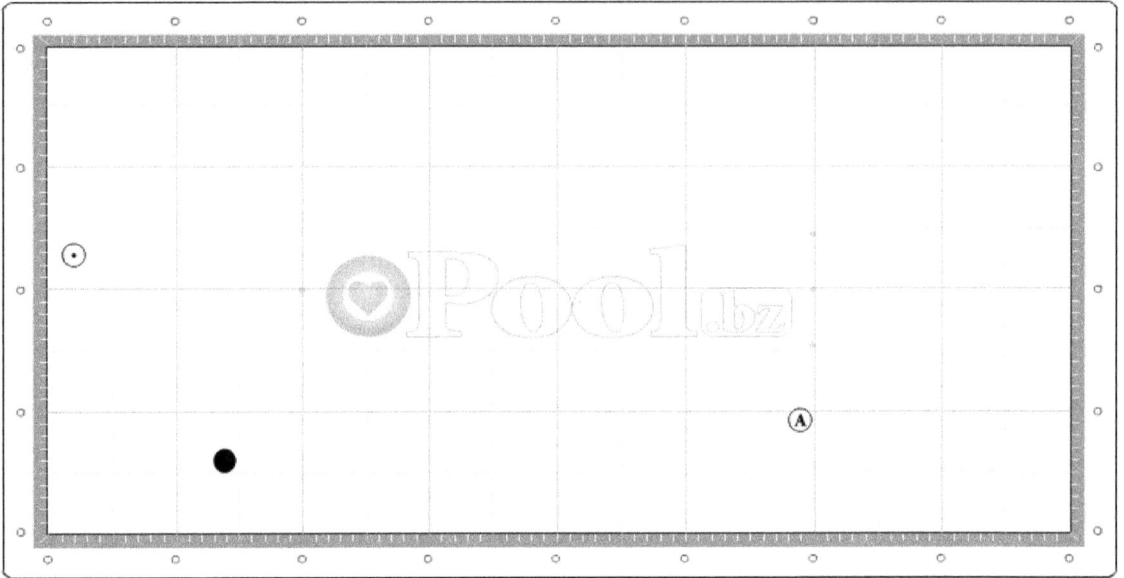

NOTAS VIR JOU IDEES:

Tabelpatroon

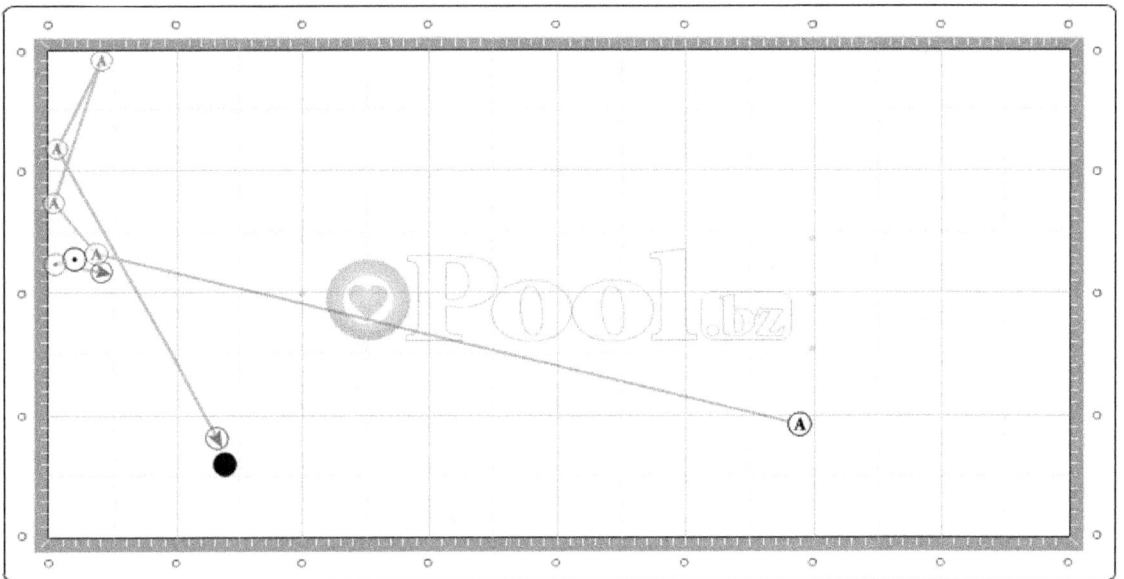

B:3b – Opstelling

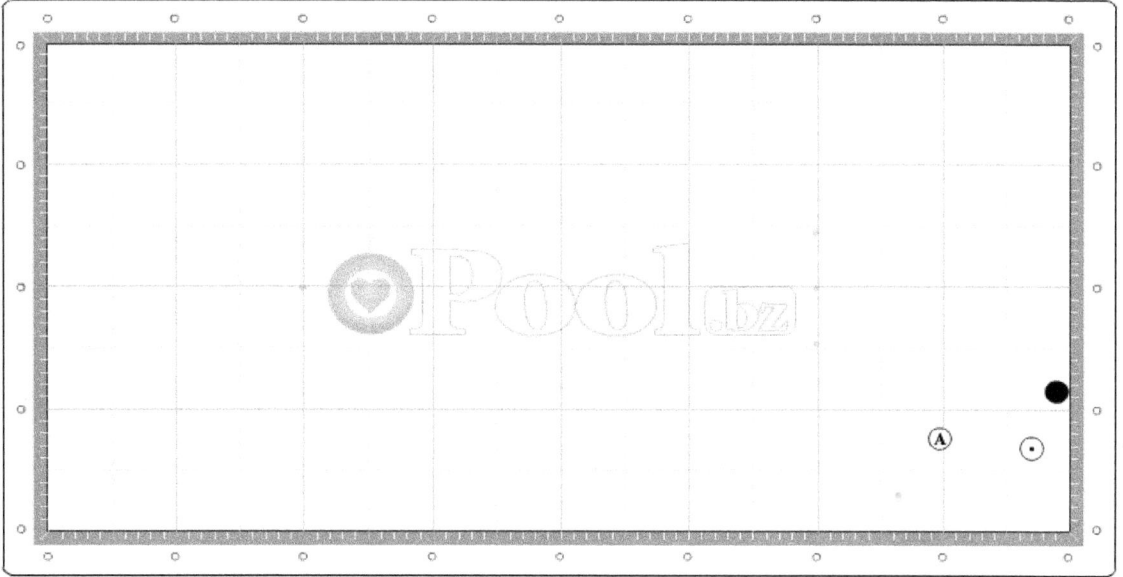

NOTAS VIR JOU IDEES:

Tabelpatroon

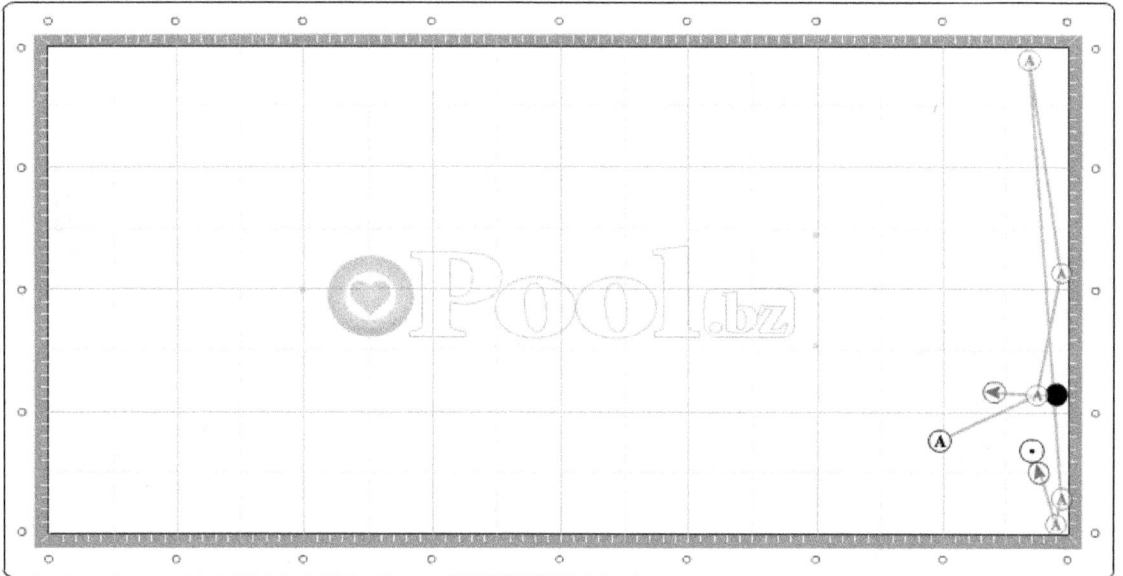

B:3c – Opstelling

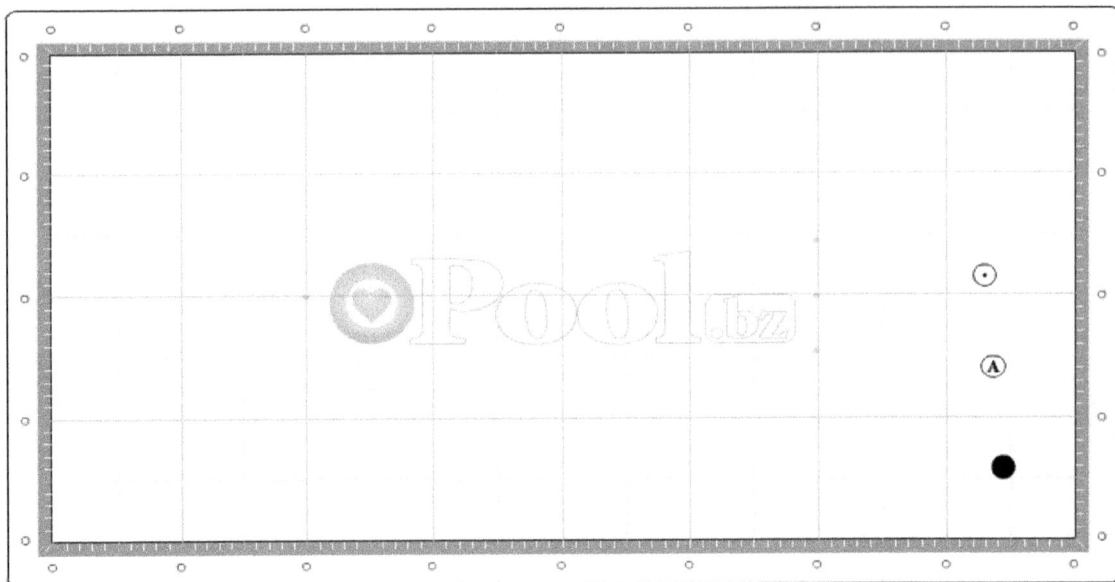

NOTAS VIR JOU IDEES:

Tabelpatroon

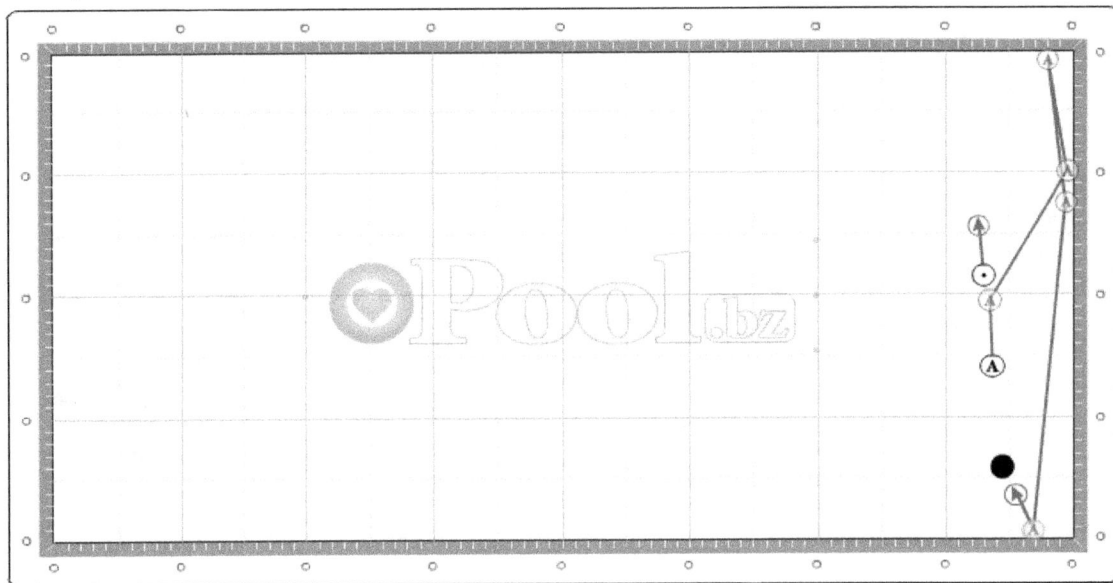

B:3d – Opstelling

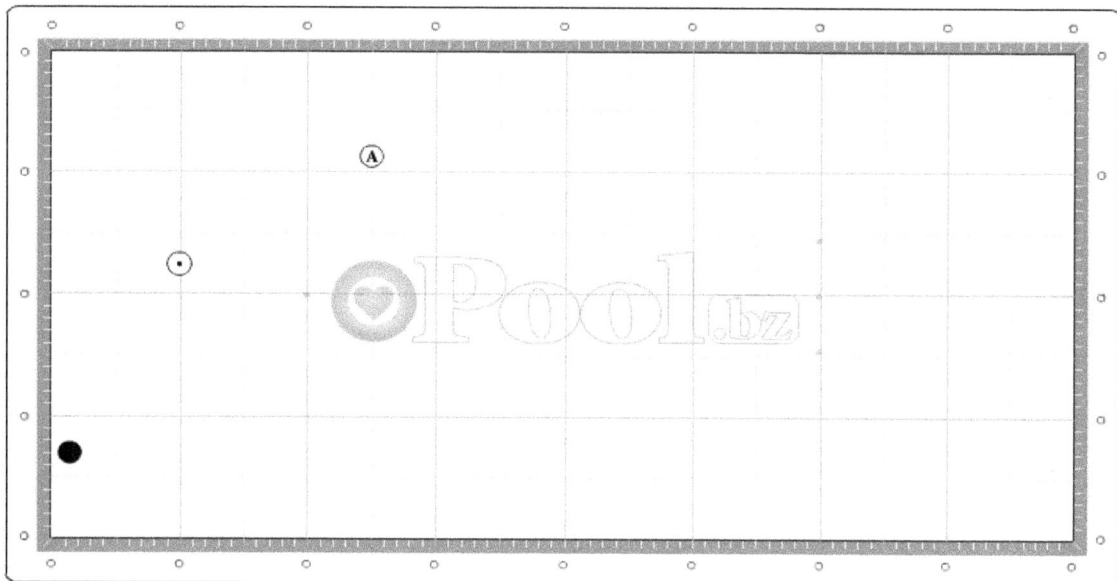

NOTAS VIR JOU IDEES:

Tabelpatroon

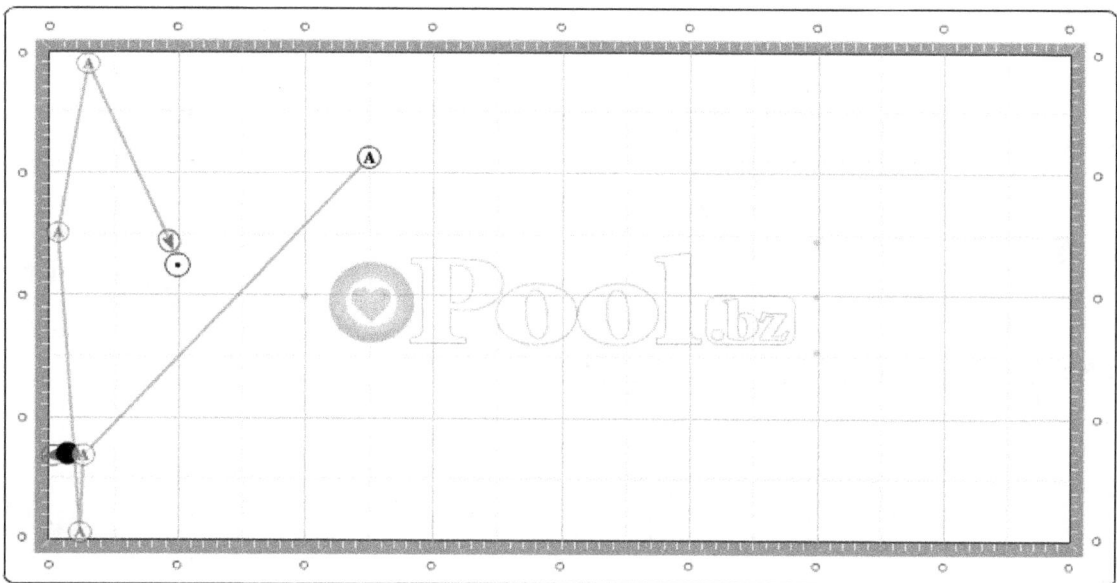

B: Groep 4

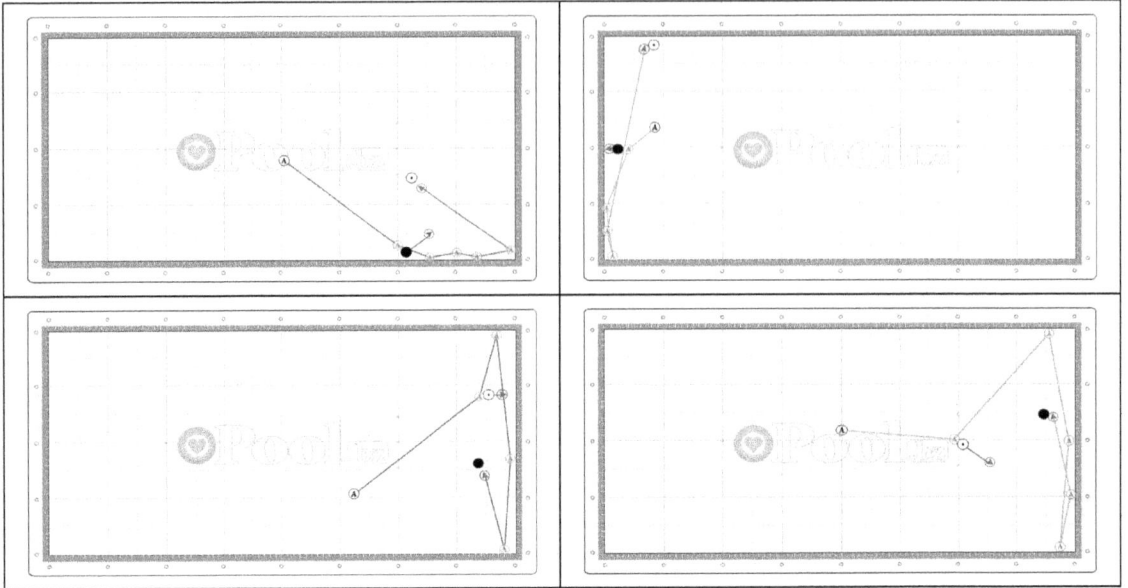

Analise:

B:4a. _____

B:4b. _____

B:4c. _____

B:4d. _____

B:4a – Opstelling

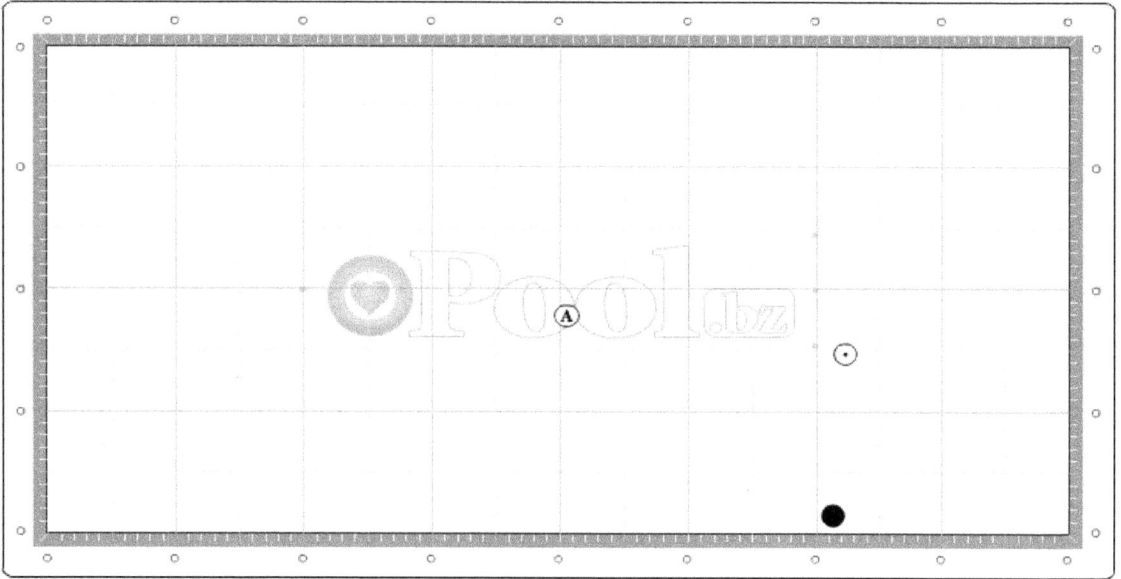

NOTAS VIR JOU IDEES:

Tabelpatroon

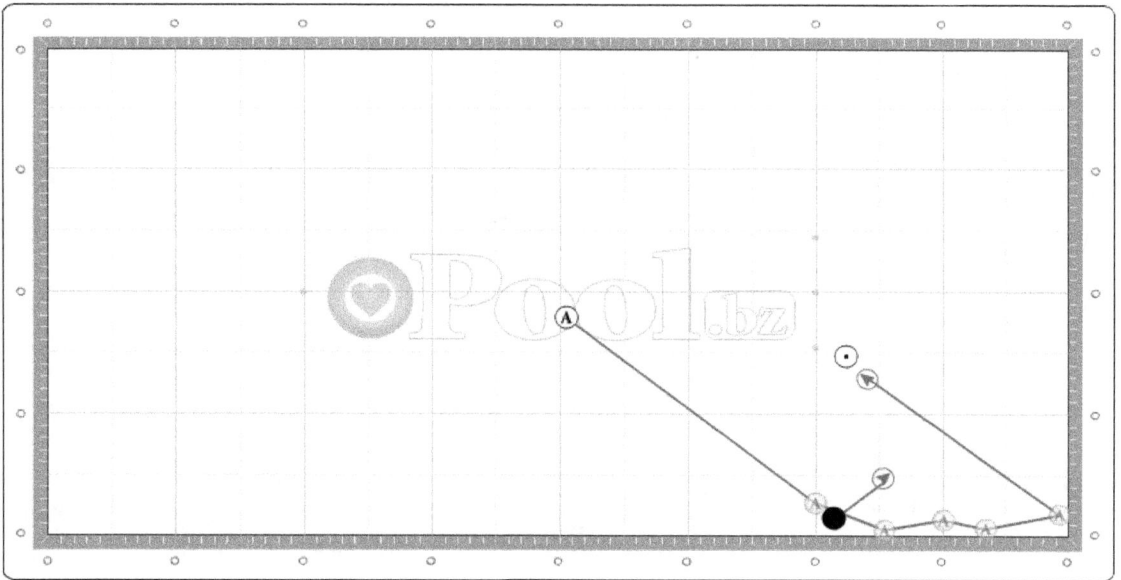

B:4b – Opstelling

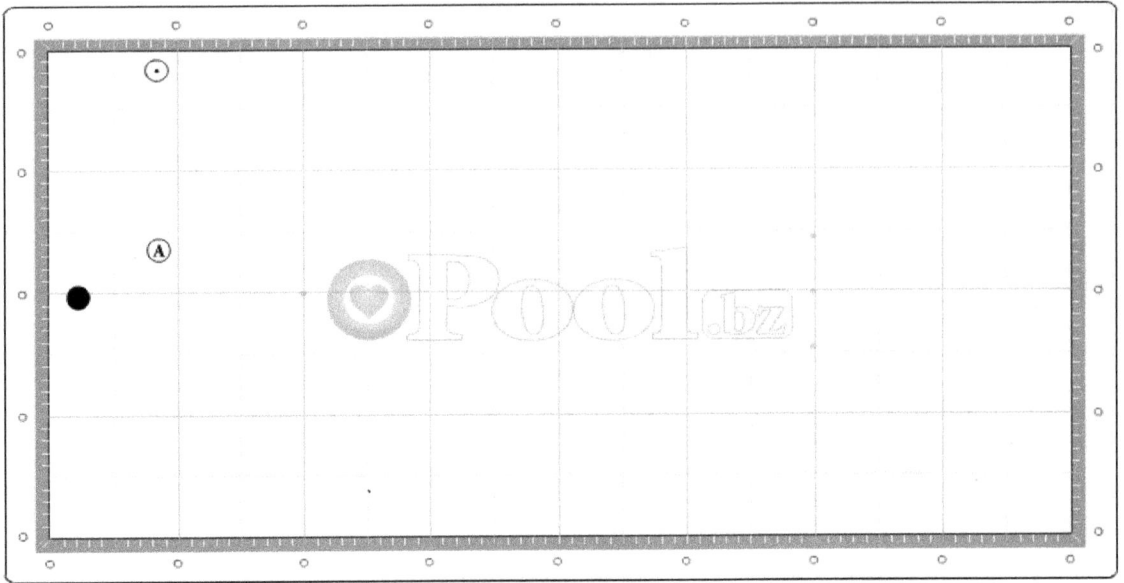

NOTAS VIR JOU IDEES:

Tabelpatroon

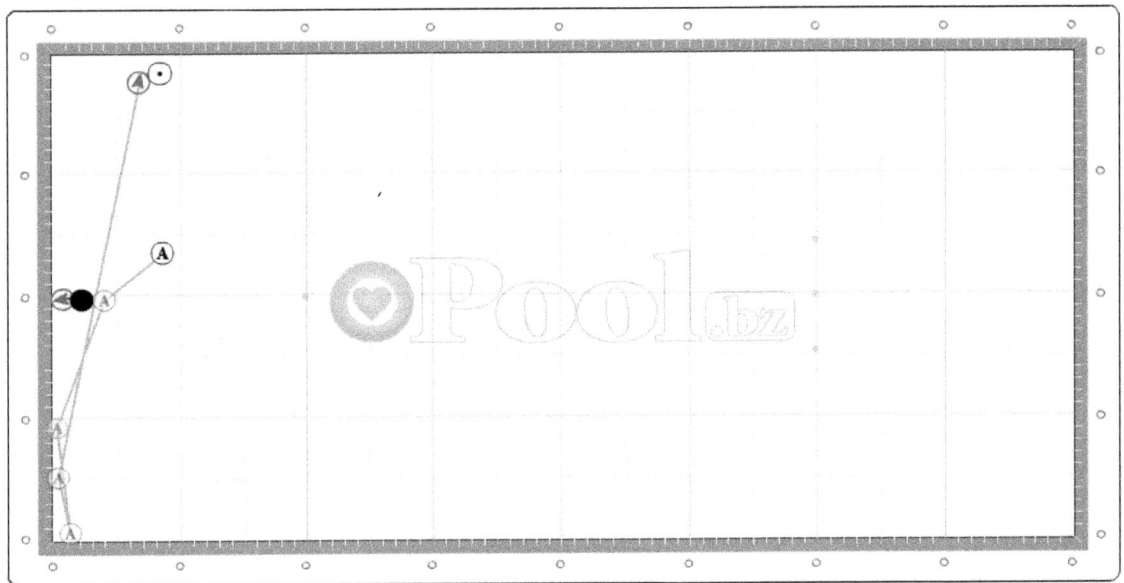

B:4c – Opstelling

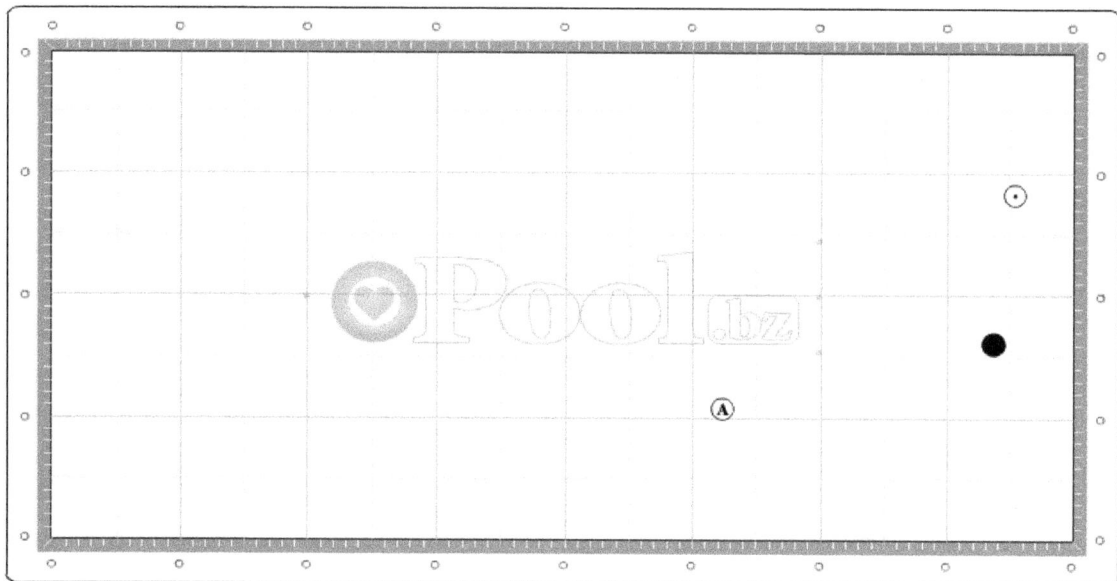

NOTAS VIR JOU IDEES:

Tabelpatroon

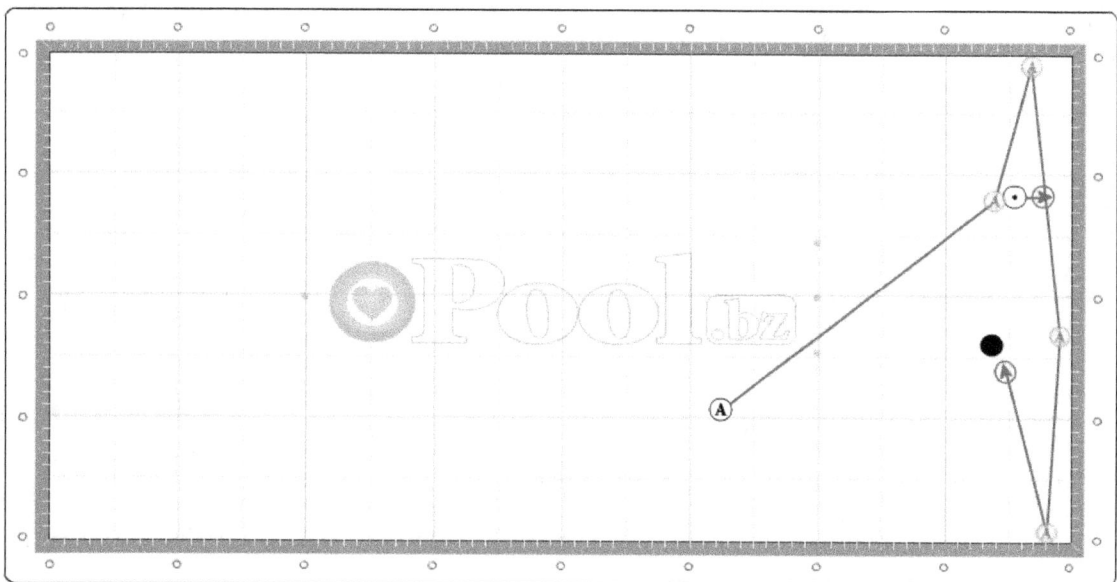

B:4d – Opstelling

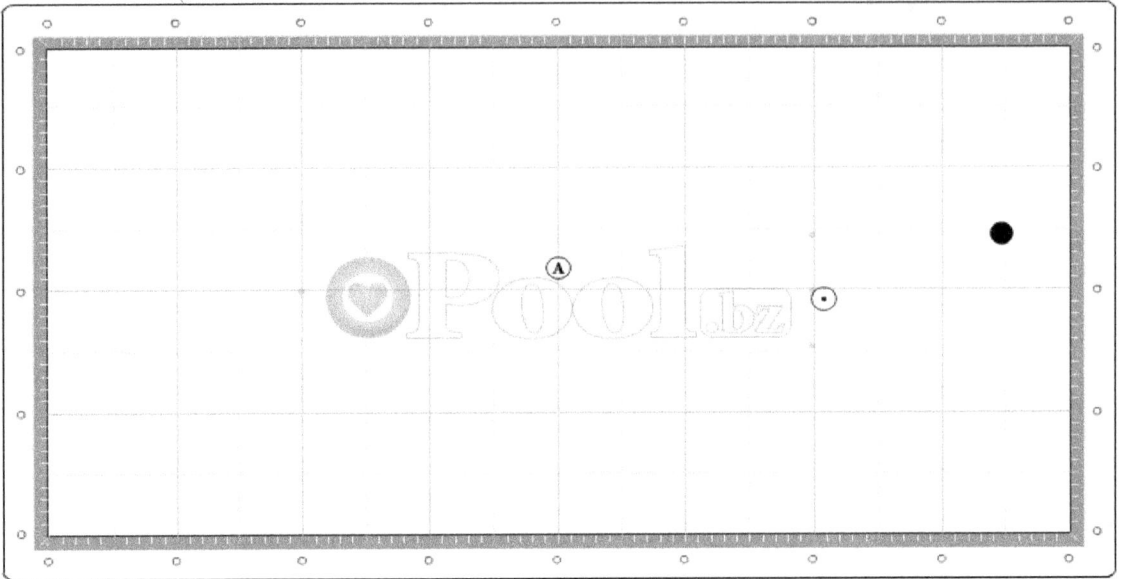

NOTAS VIR JOU IDEES:

Tabelpatroon

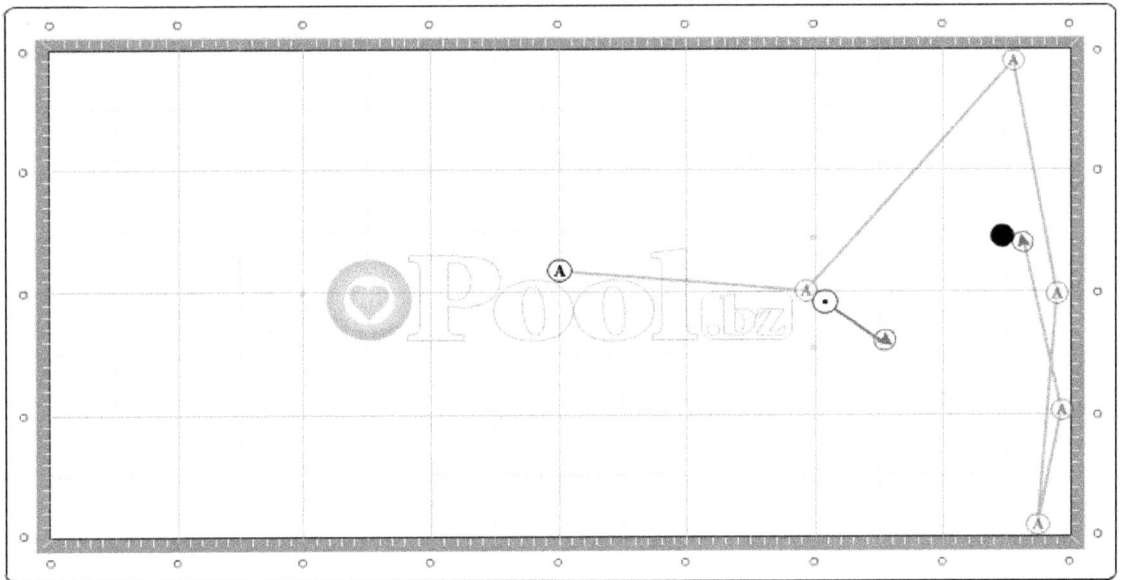

C: Sigsag heen en weer

Die (CB) moet heen en weer heen en weer heen en weer heen reis. Dit is baie pret om te eksperimenteer.

Ⓐ (CB) (jou biljartbal) – ☉ (OB) (teenstander biljartbal) – ⬤ (OB) (rooi bal)

C: Groep 1

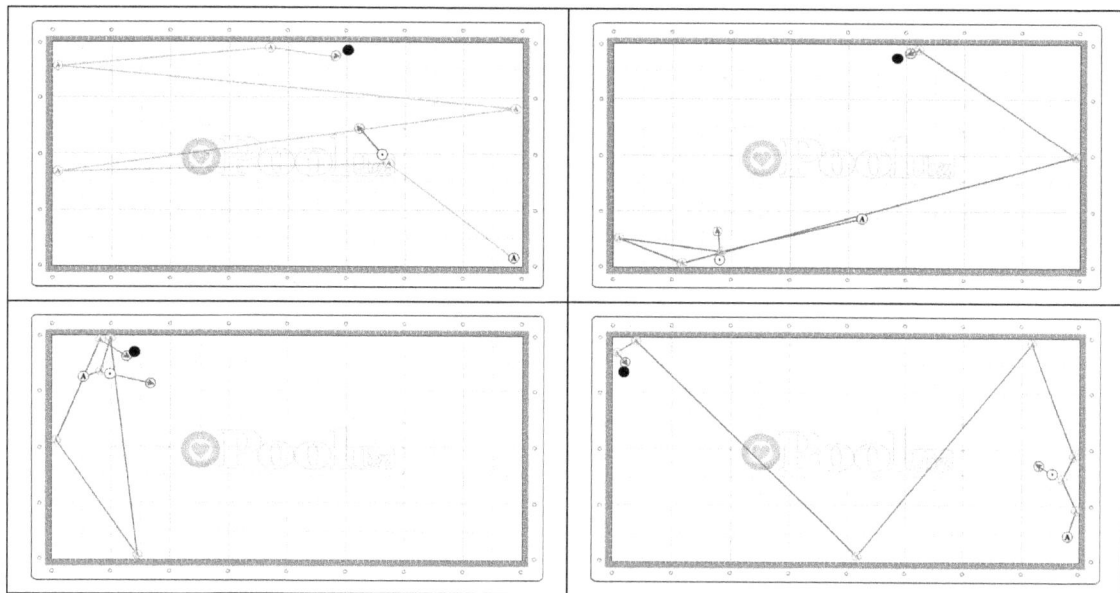

Analise:

C:1a. _____

C:1b. _____

C:1c. _____

C:1d. _____

C:1a – Opstelling

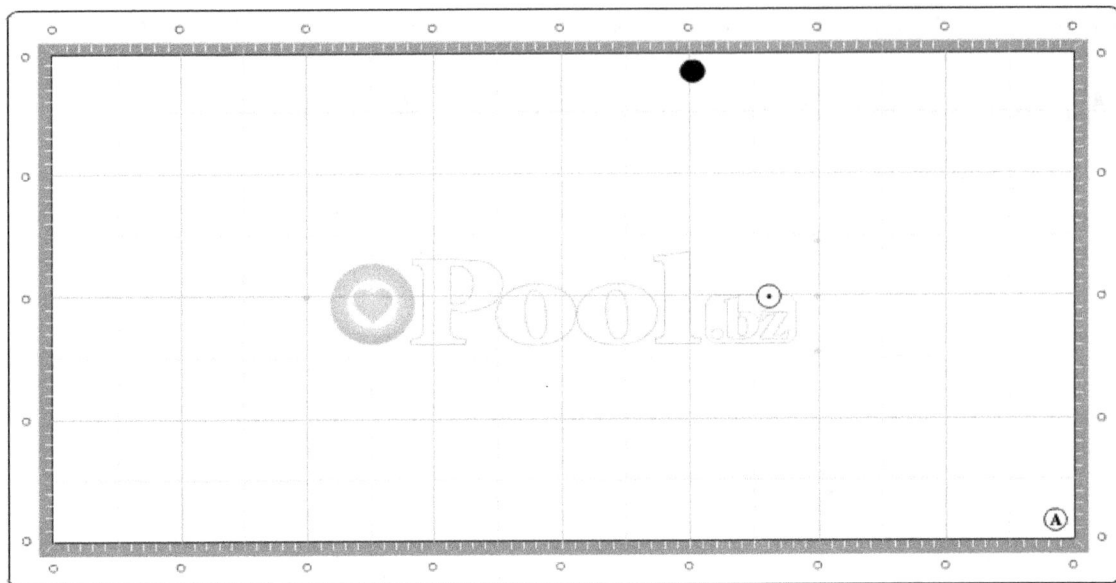

NOTAS VIR JOU IDEES:

Tabelpatroon

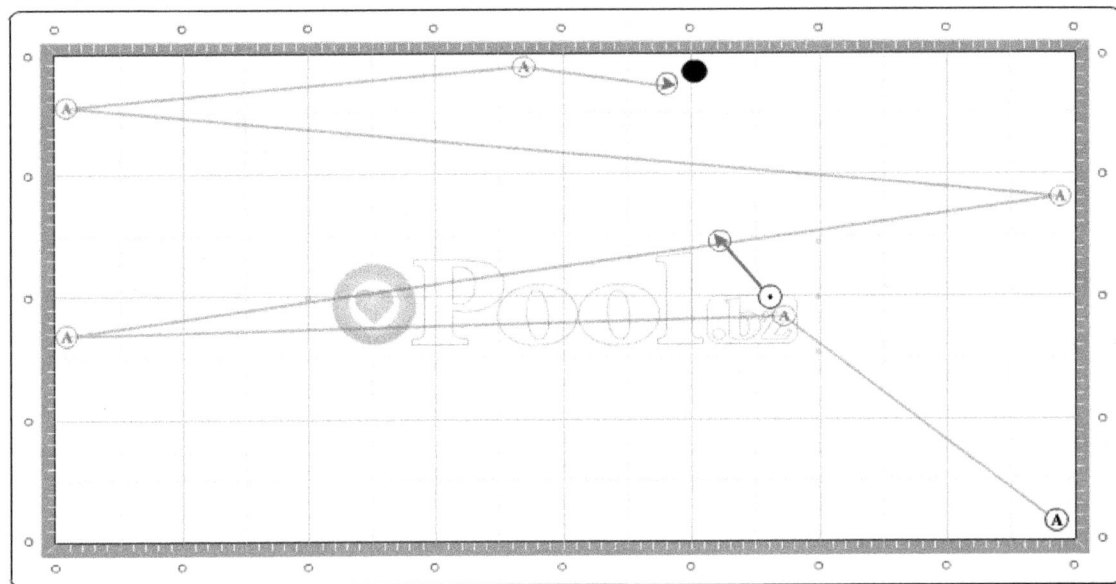

C:1b – Opstelling

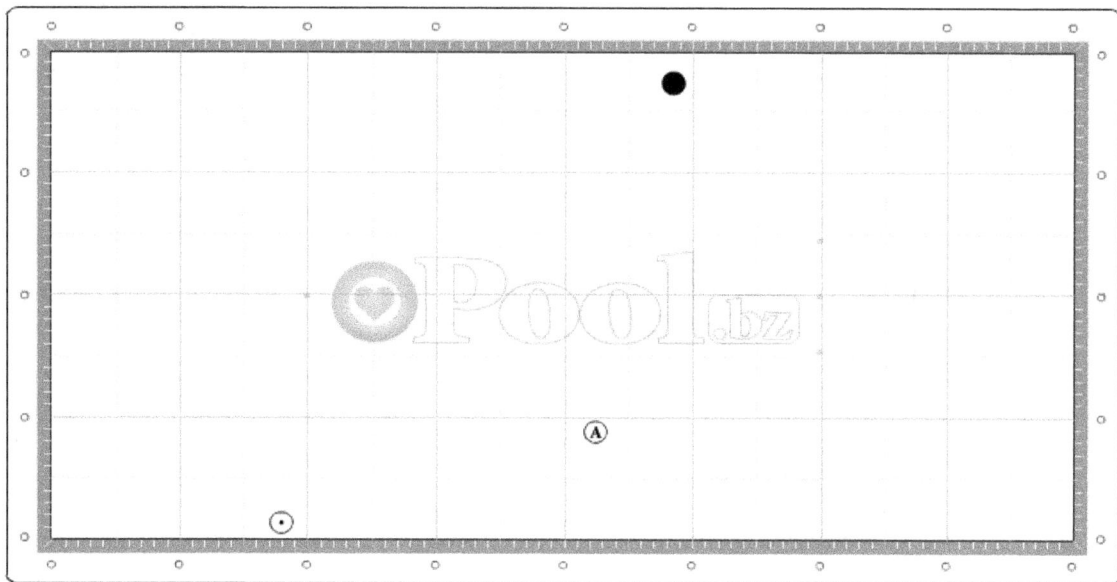

NOTAS VIR JOU IDEES:

Tabelpatroon

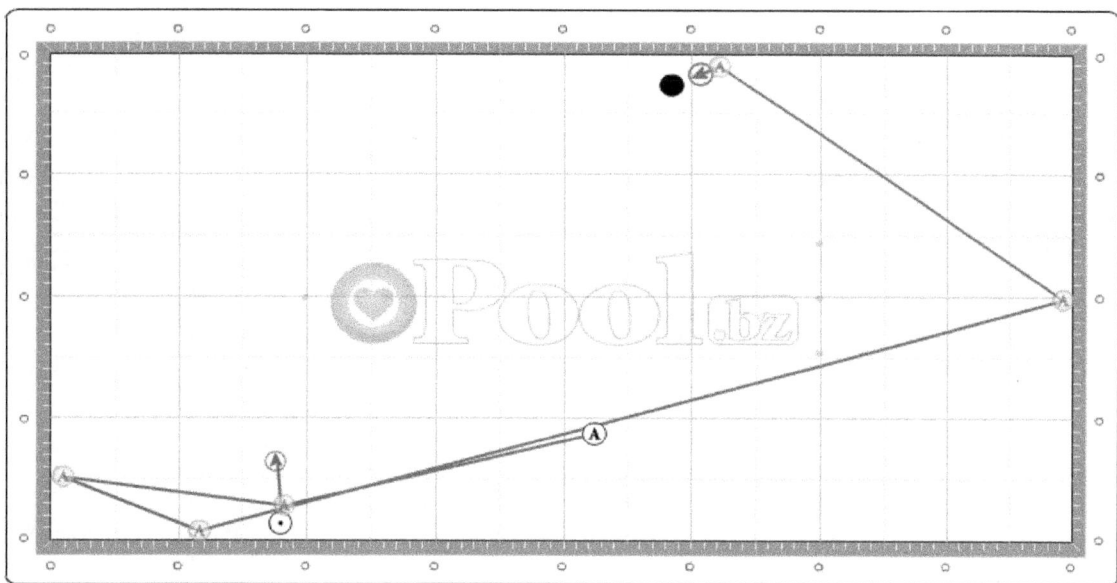

C:1c – Opstelling

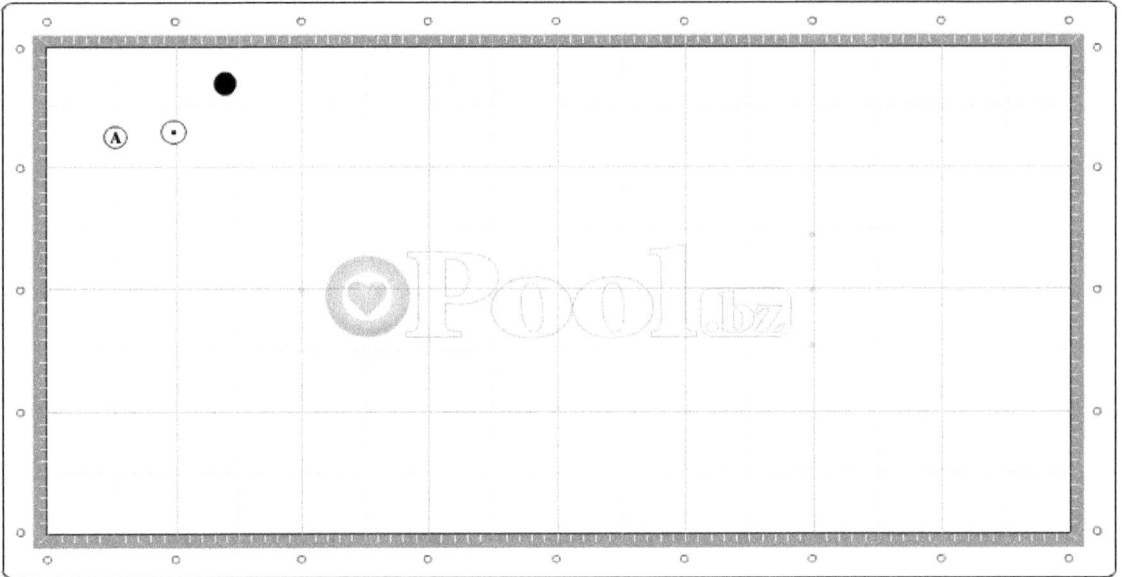

NOTAS VIR JOU IDEES:

Tabelpatroon

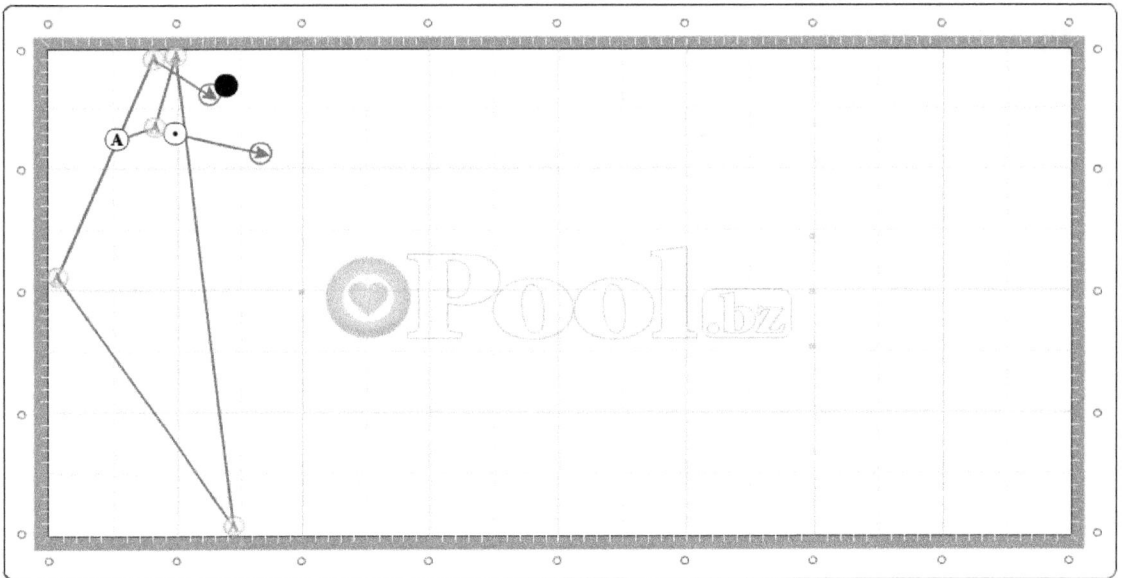

C:1d – Opstelling

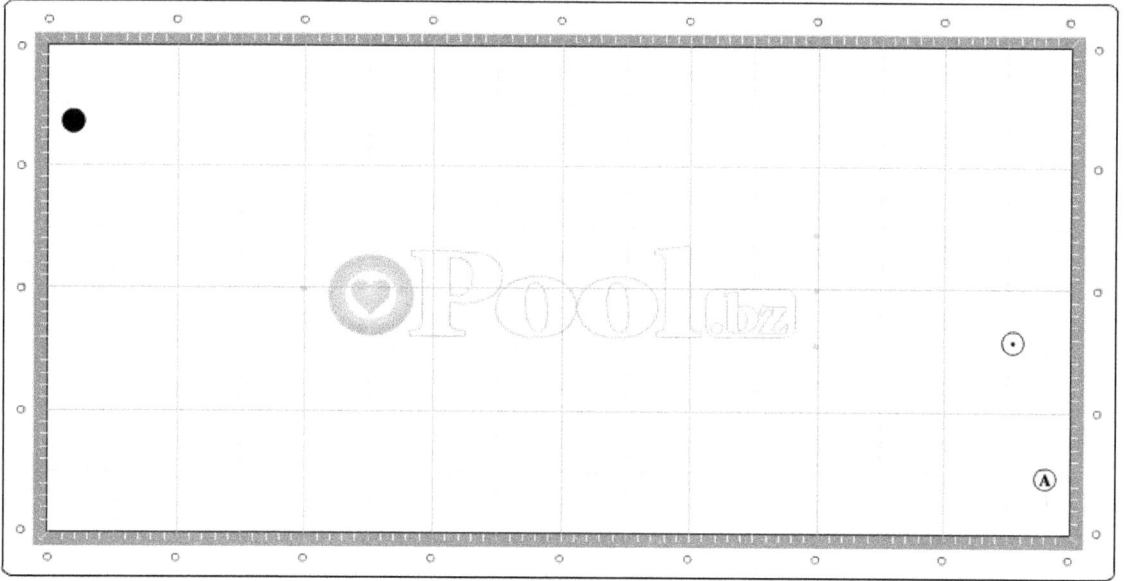

NOTAS VIR JOU IDEES:

Tabelpatroon

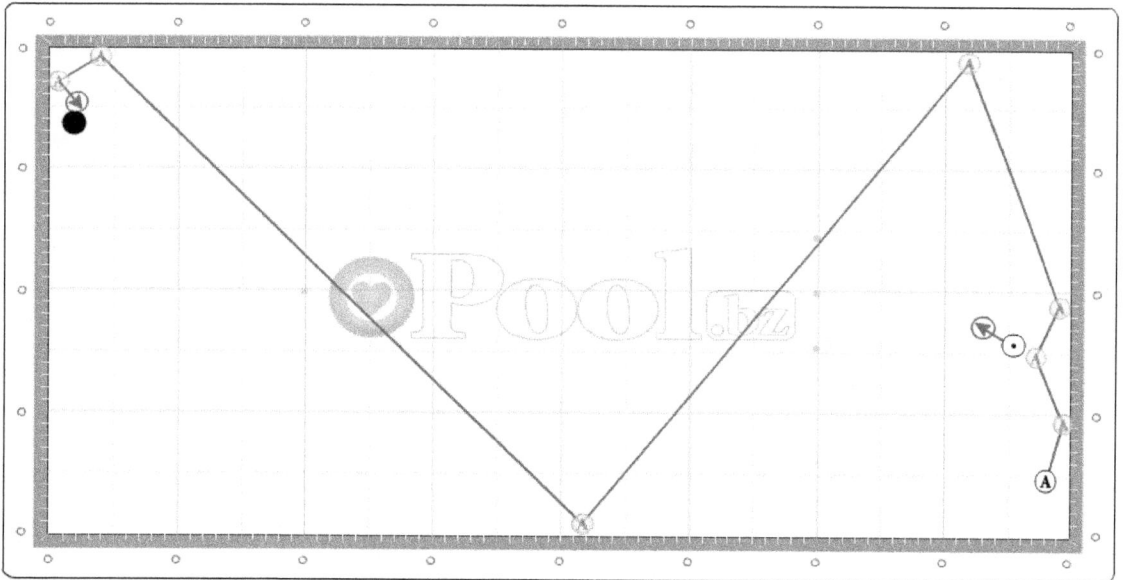

C: Groep 2

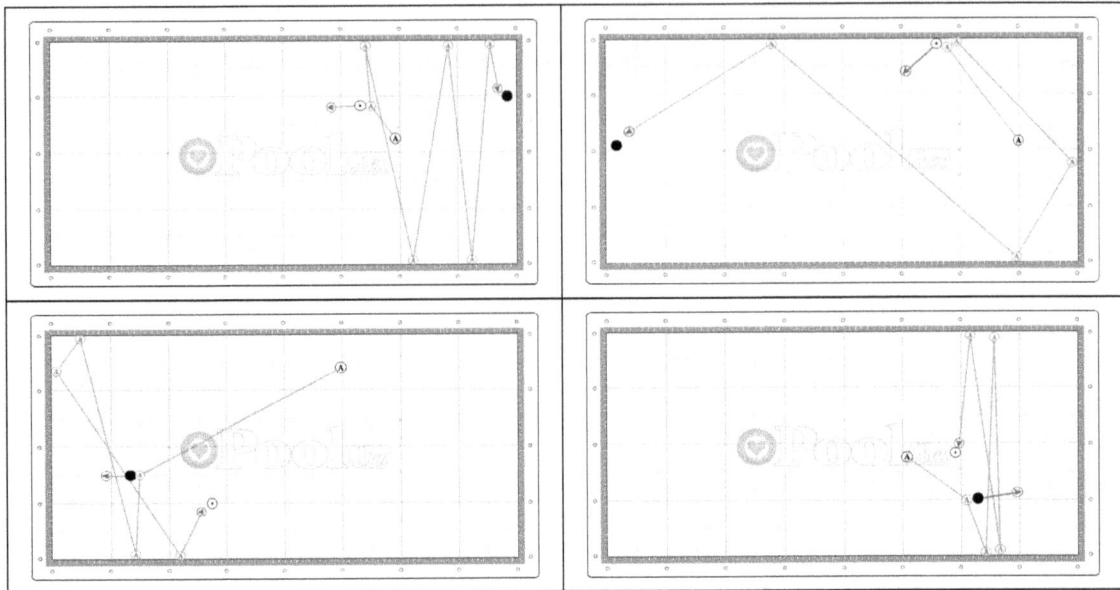

Analise:

C:2a. _____

C:2b. _____

C:2c. _____

C:2d. _____

C:2a – Opstelling

NOTAS VIR JOU IDEES:

Tabelpatroon

C:2b – Opstelling

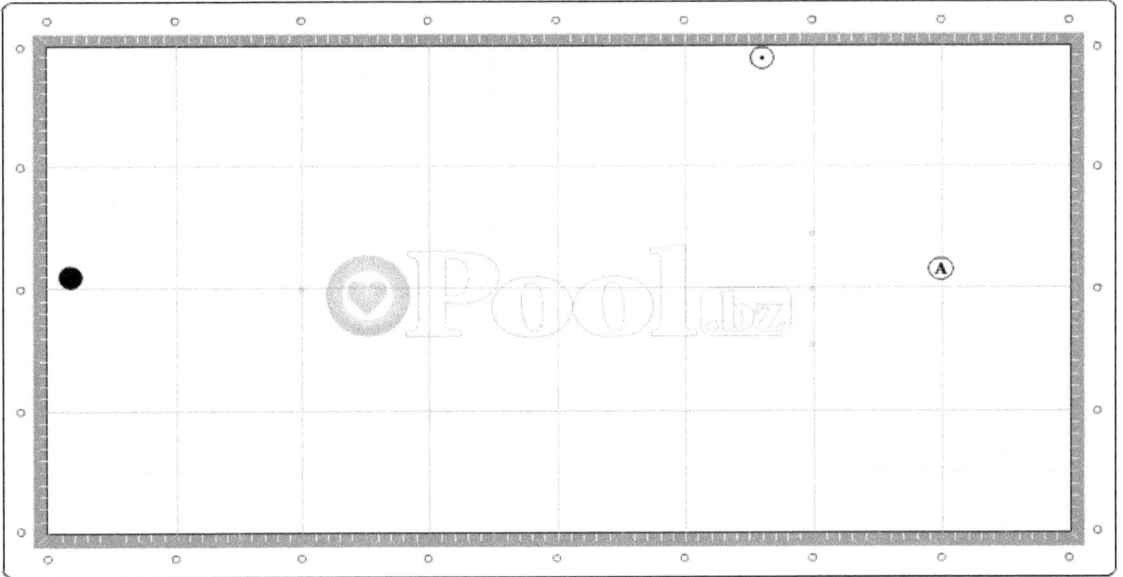

NOTAS VIR JOU IDEES:

Tabelpatroon

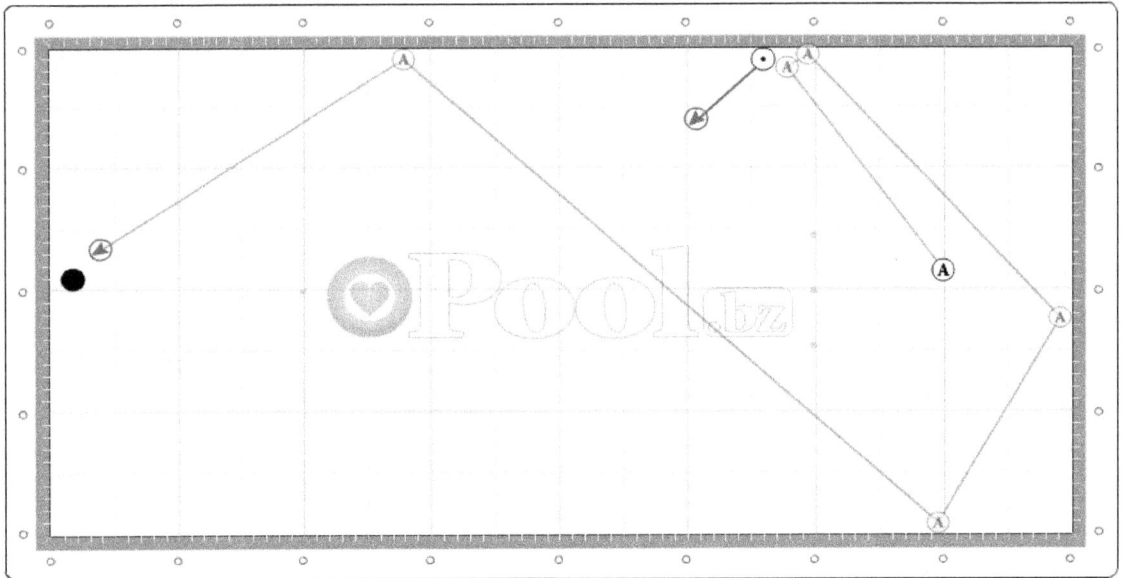

C:2c – Opstelling

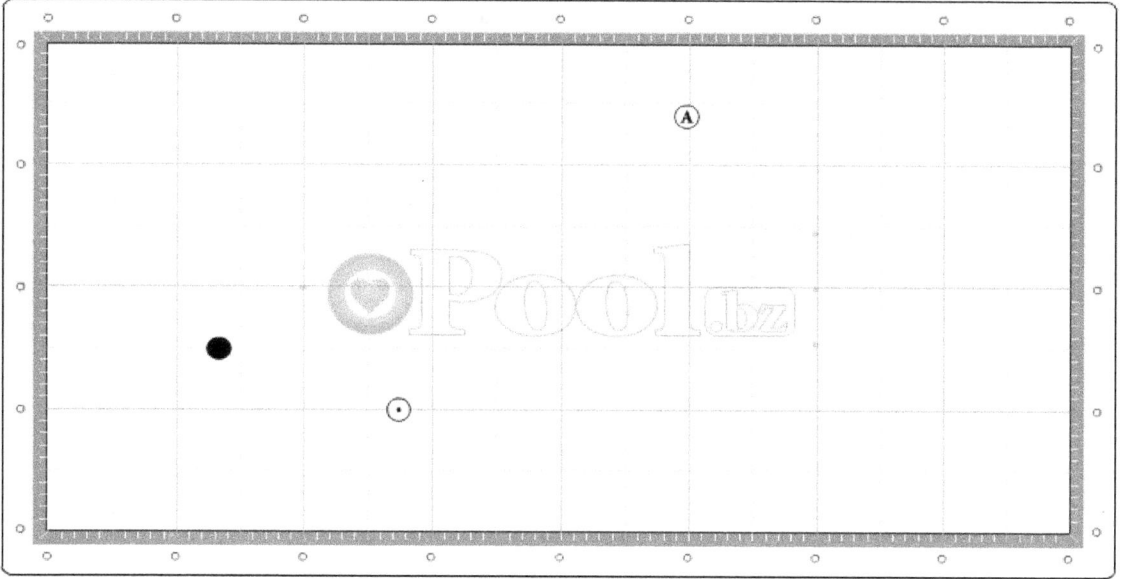

NOTAS VIR JOU IDEES:

Tabelpatroon

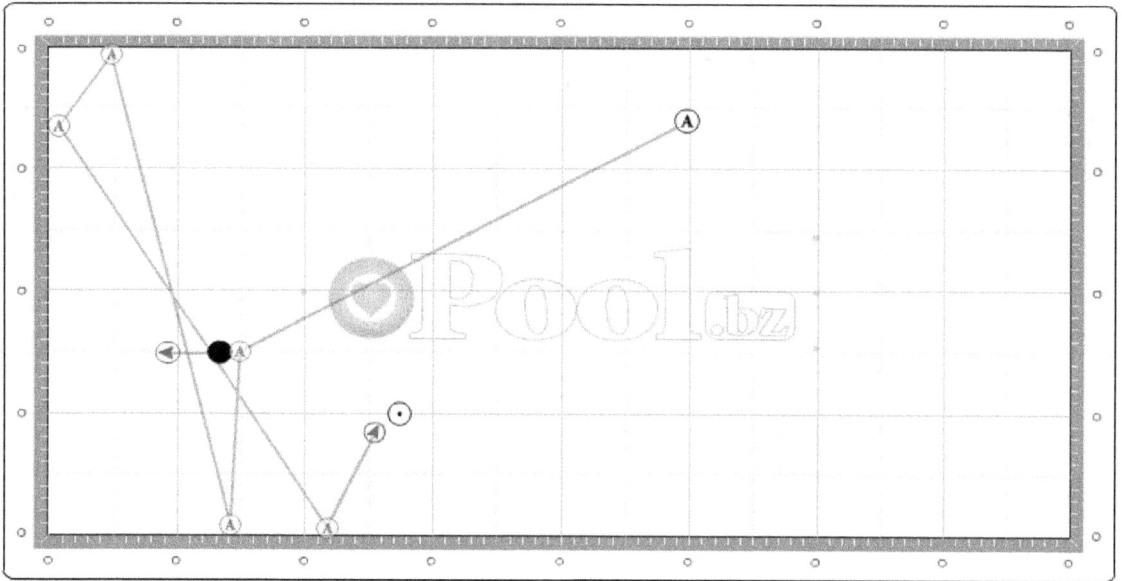

C:2d – Opstelling

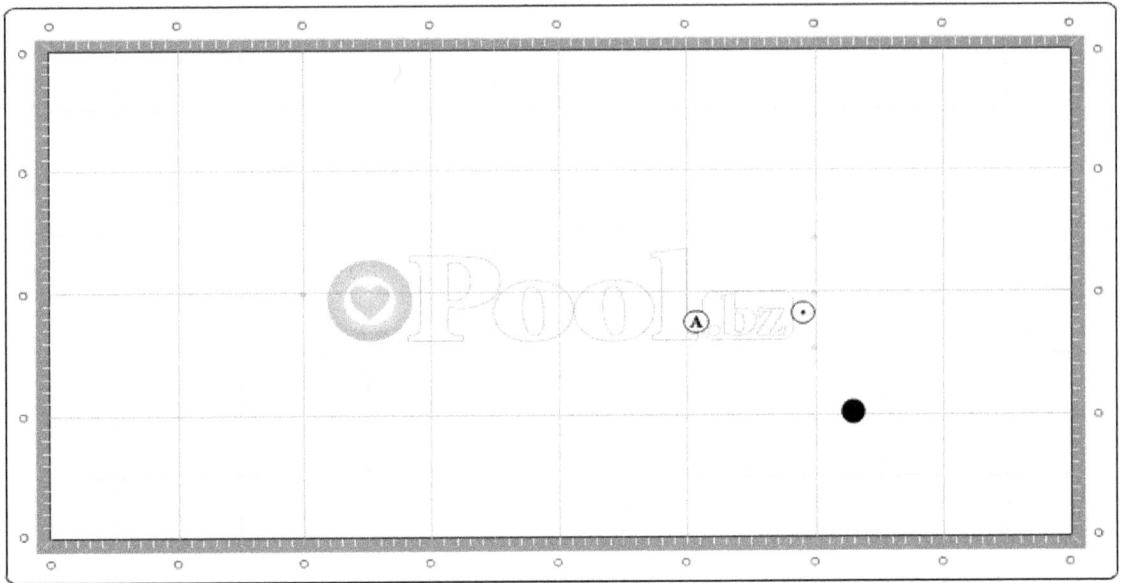

NOTAS VIR JOU IDEES:

Tabelpatroon

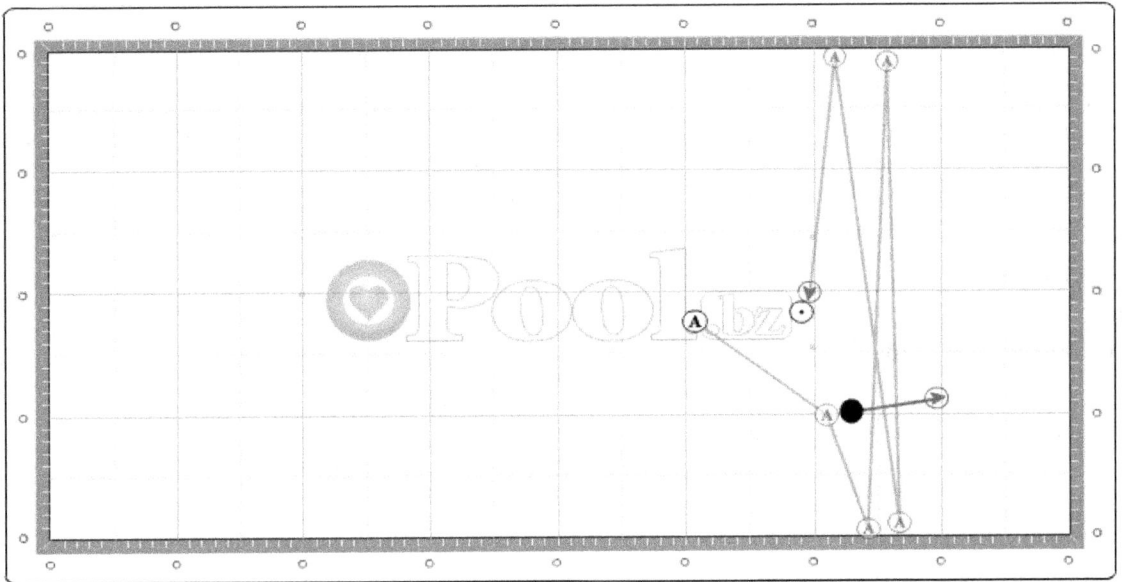

D: Heelwat ekstra biljartbanden

Op hierdie skote het die (CB) rondom die tafel gereis - baie. Die (CB) moes met 'n klomp rails verbind voordat dit die punt voltooi het.

(A) **(CB)** (jou biljartbal) – ☉ **(OB)** (teenstander biljartbal) – ● **(OB)** (rooi bal)

D: Groep 1

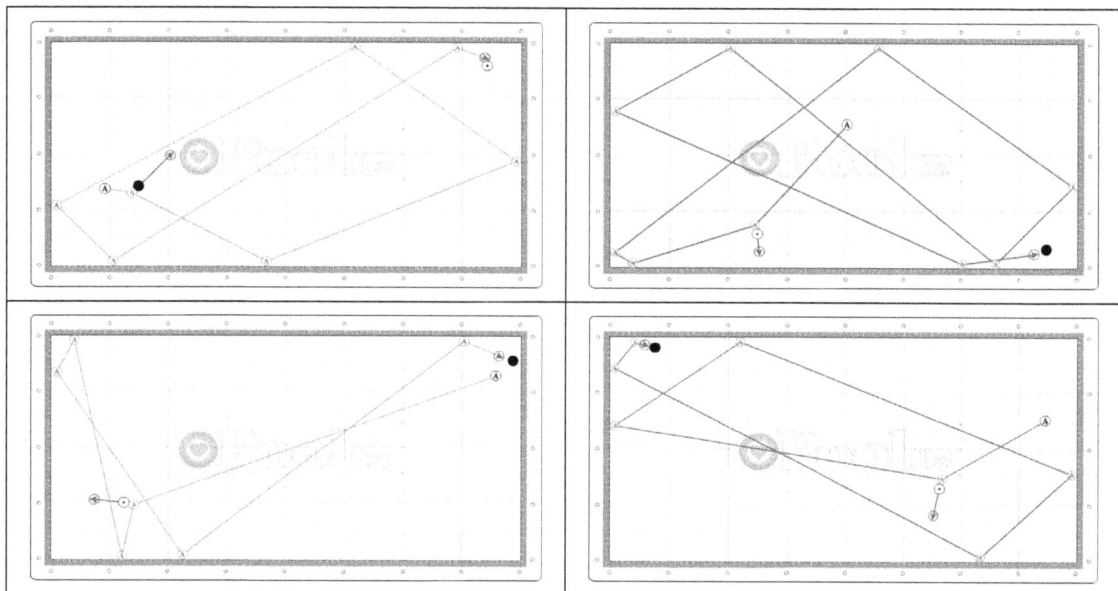

Analise:

D:1a. _____

D:1b. _____

D:1c. _____

D:1d. _____

D:1a – Opstelling

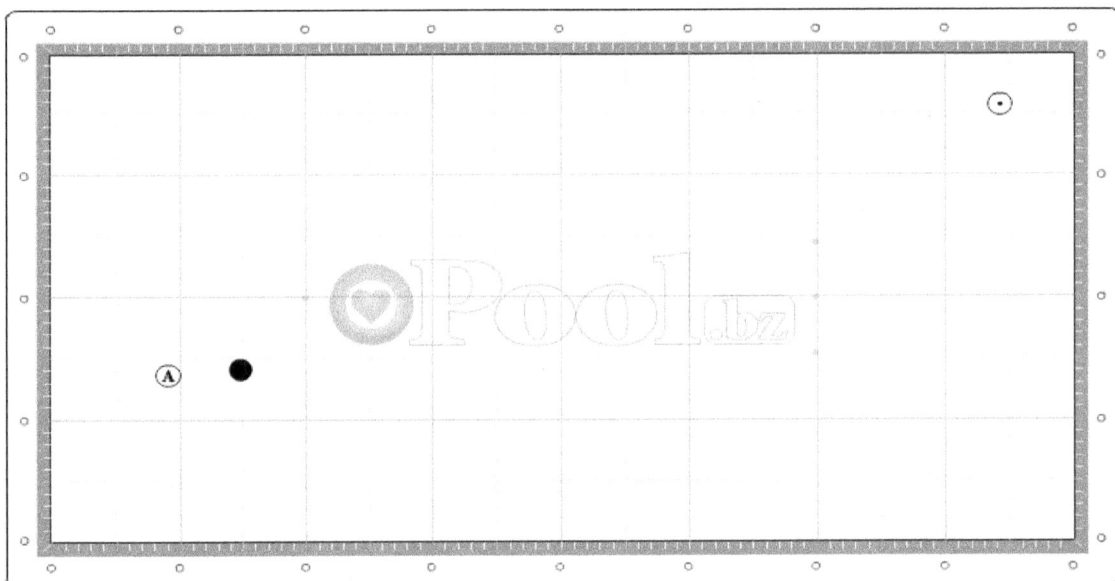

NOTAS VIR JOU IDEES:

Tabelpatroon

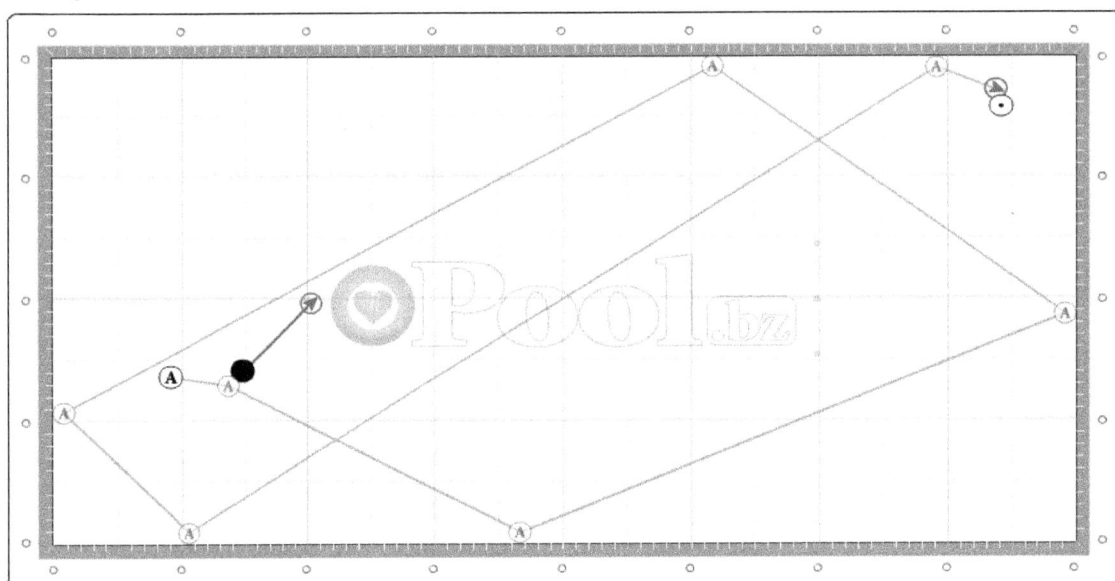

D:1b – Opstelling

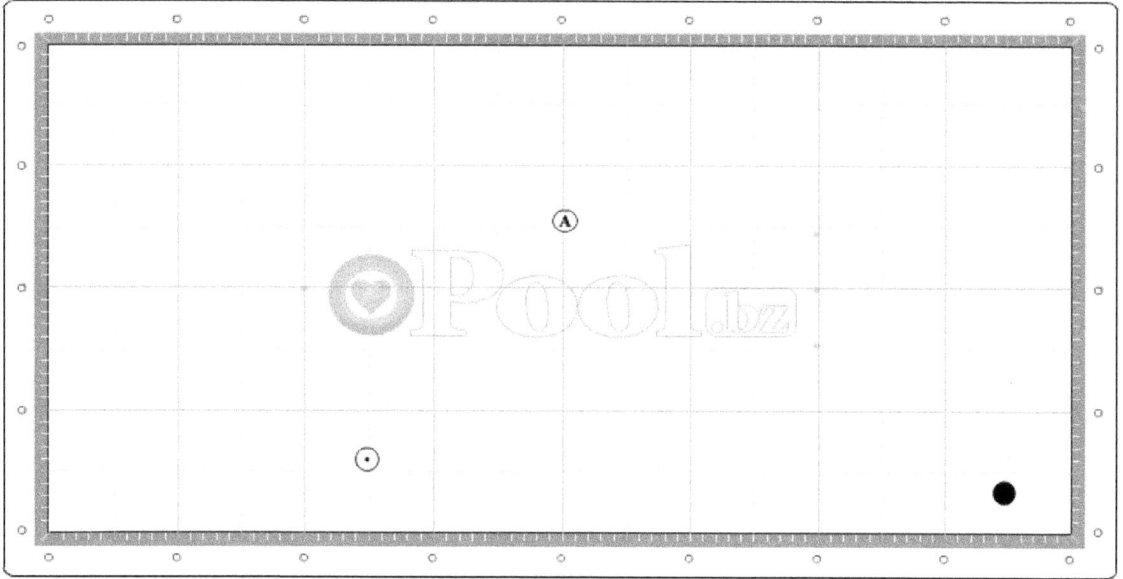

NOTAS VIR JOU IDEES:

Tabelpatroon

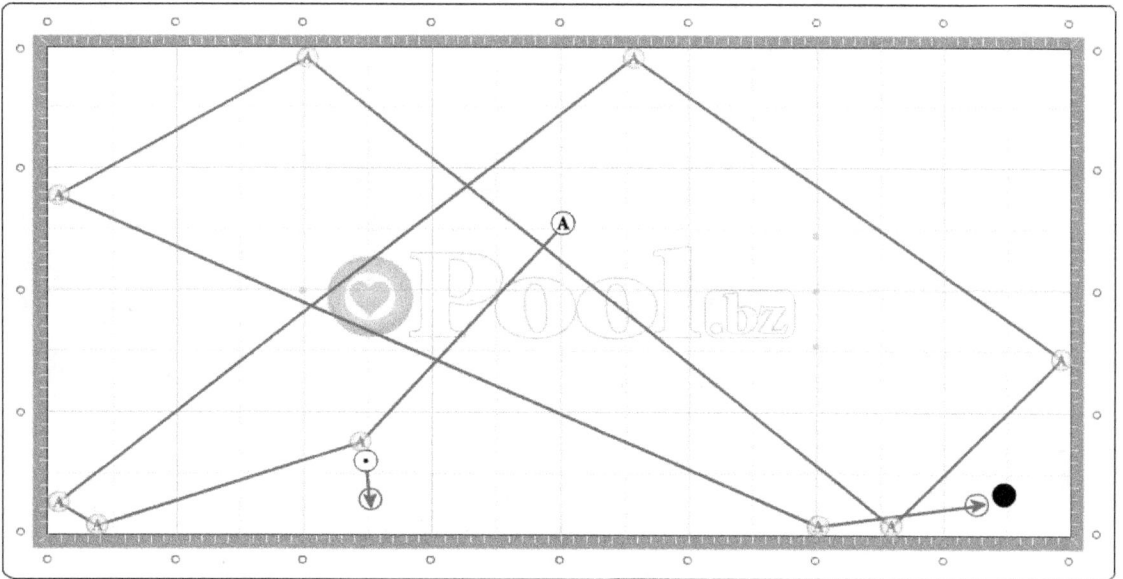

D:1c – Opstelling

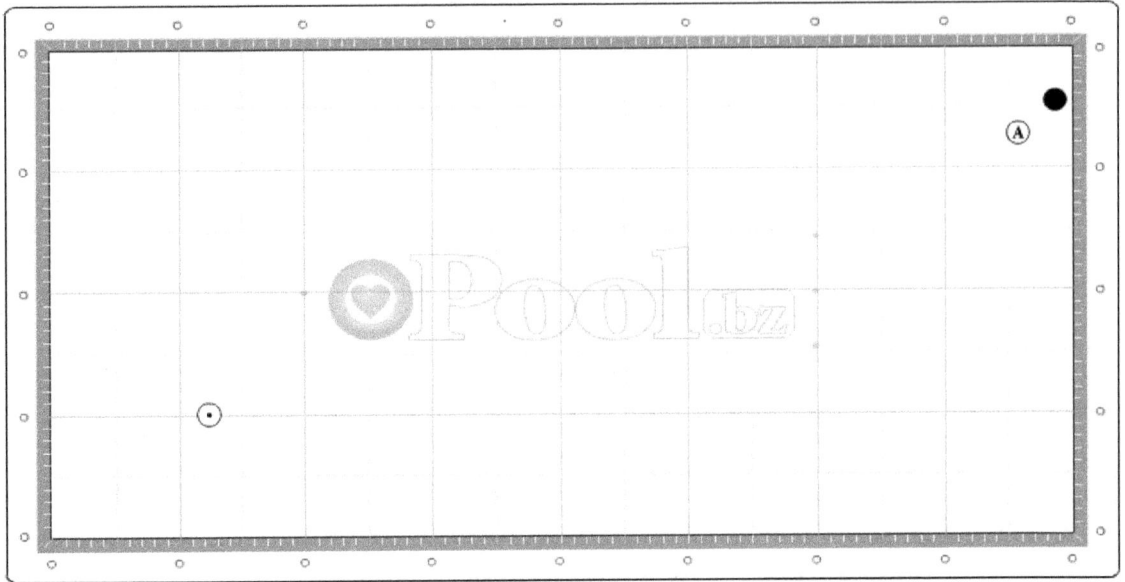

NOTAS VIR JOU IDEES:

Tabelpatroon

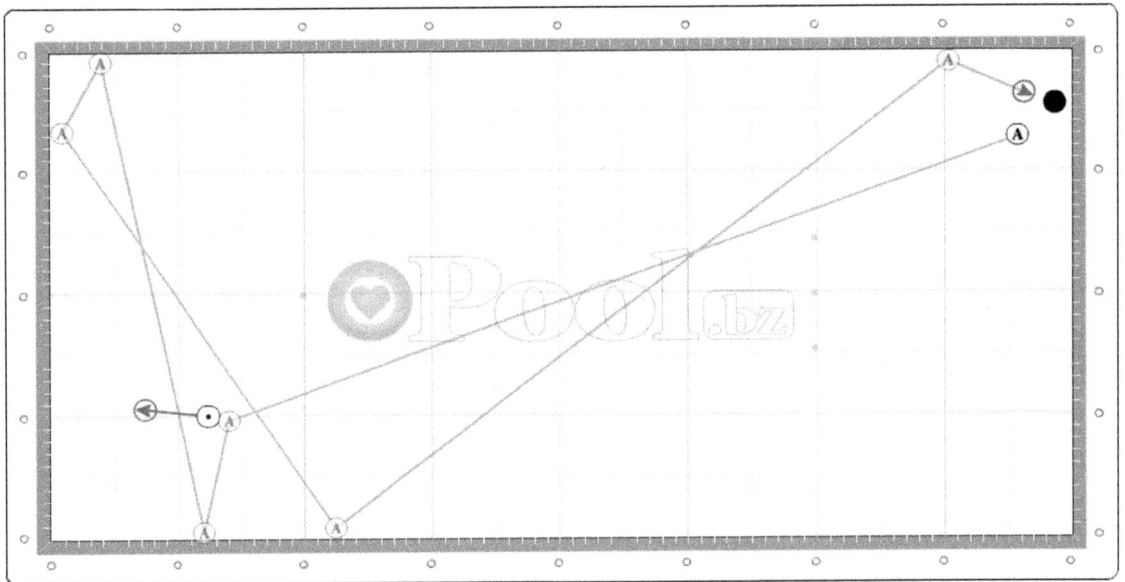

D:1d – Opstelling

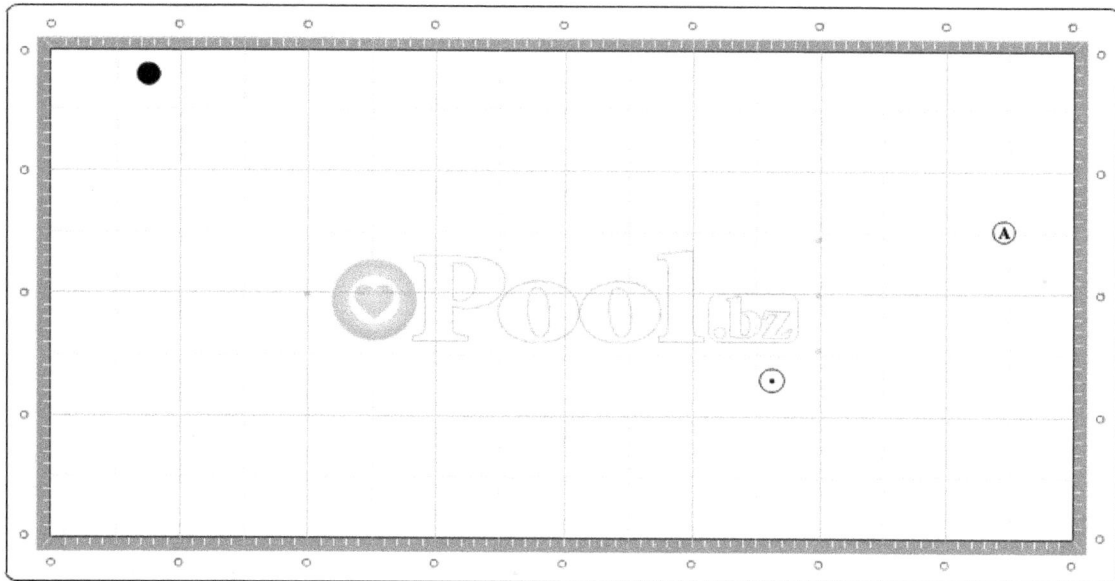

NOTAS VIR JOU IDEES:

Tabelpatroon

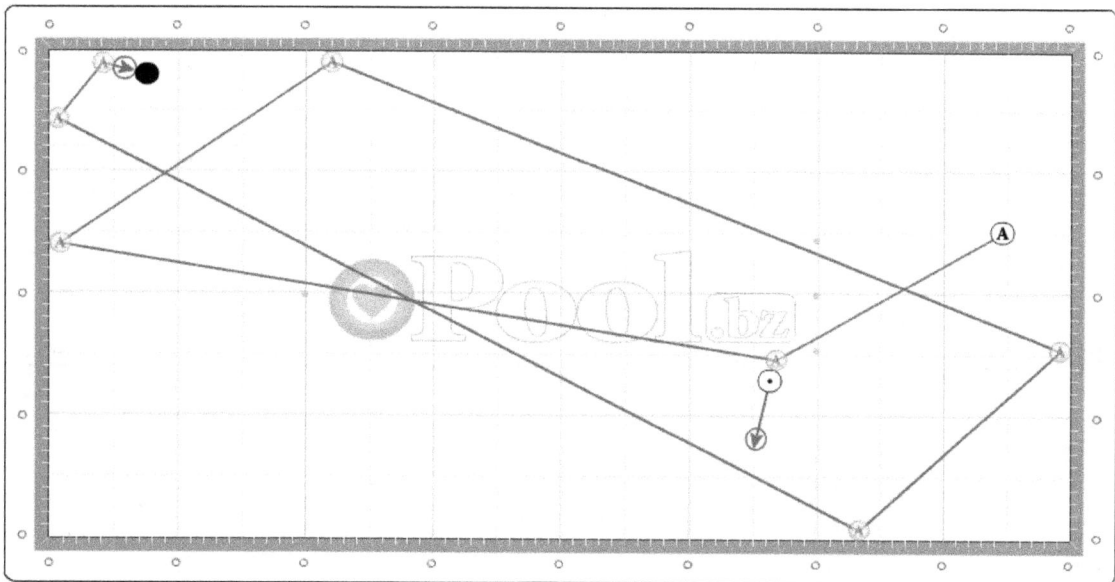

D: Groep 2

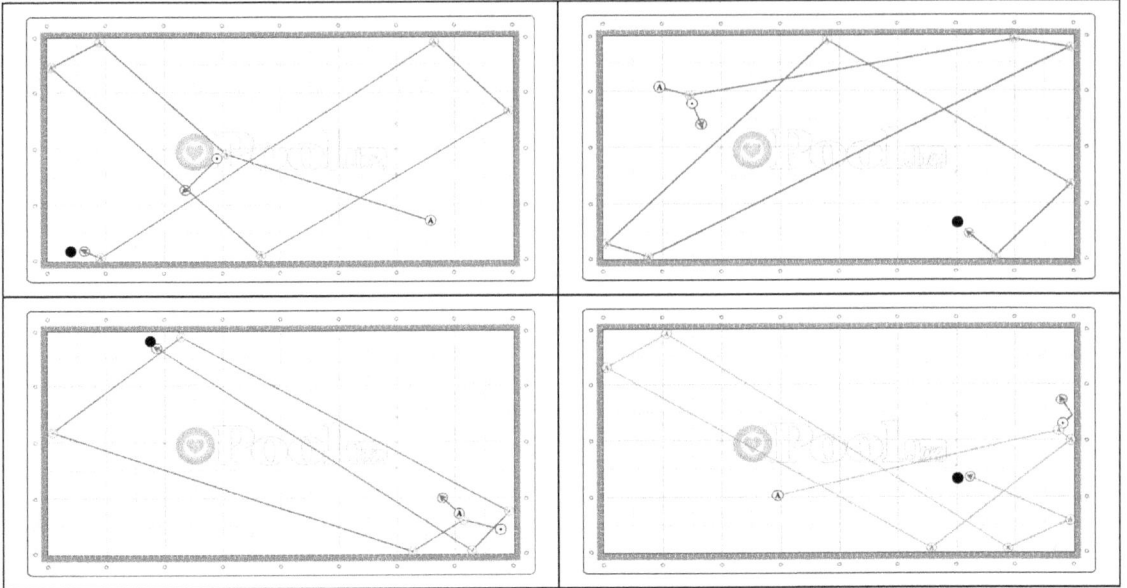

Analise:

D:2a. _____

D:2b. _____

D:2c. _____

D:2d. _____

D:2a – Opstelling

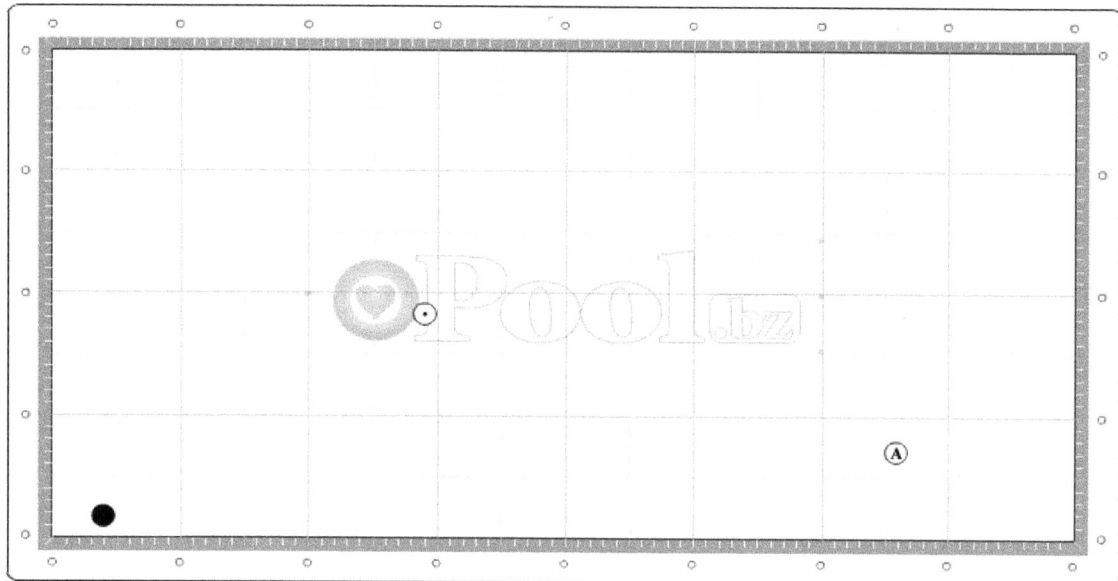

NOTAS VIR JOU IDEES:

Tabelpatroon

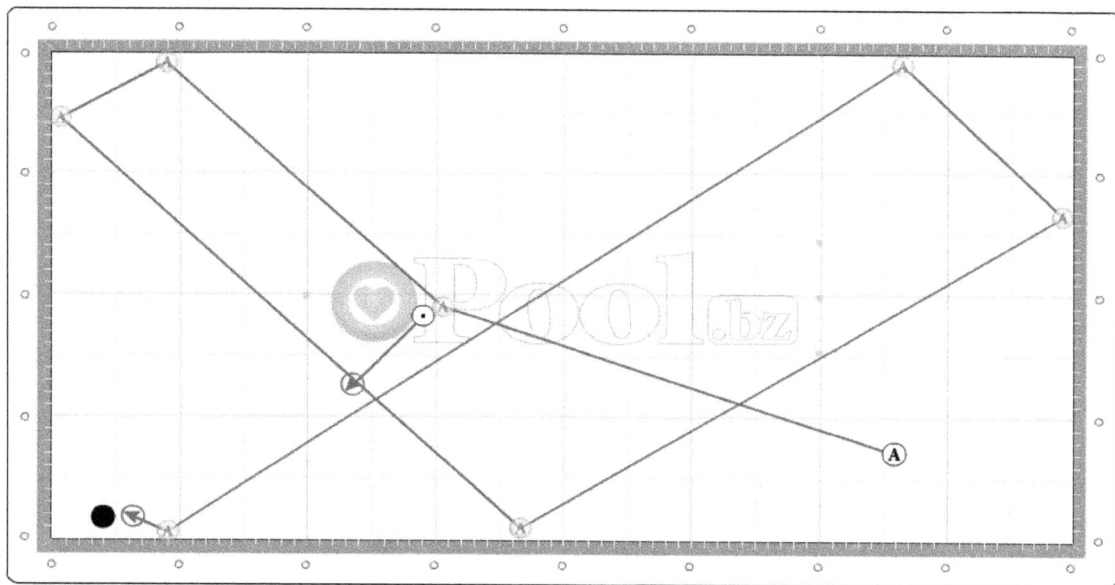

D:2b – Opstelling

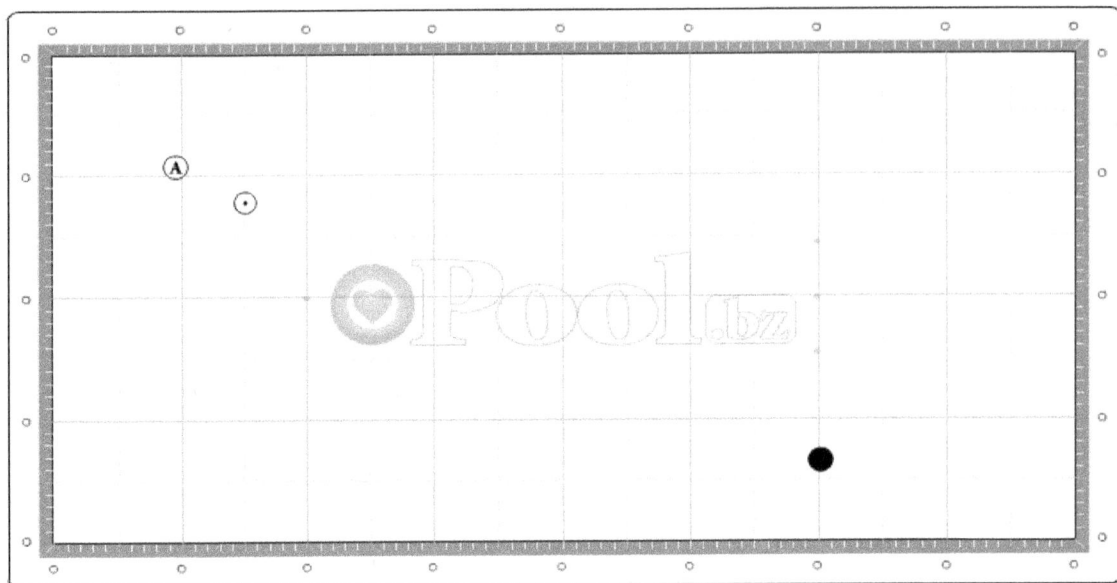

NOTAS VIR JOU IDEES:

Tabelpatroon

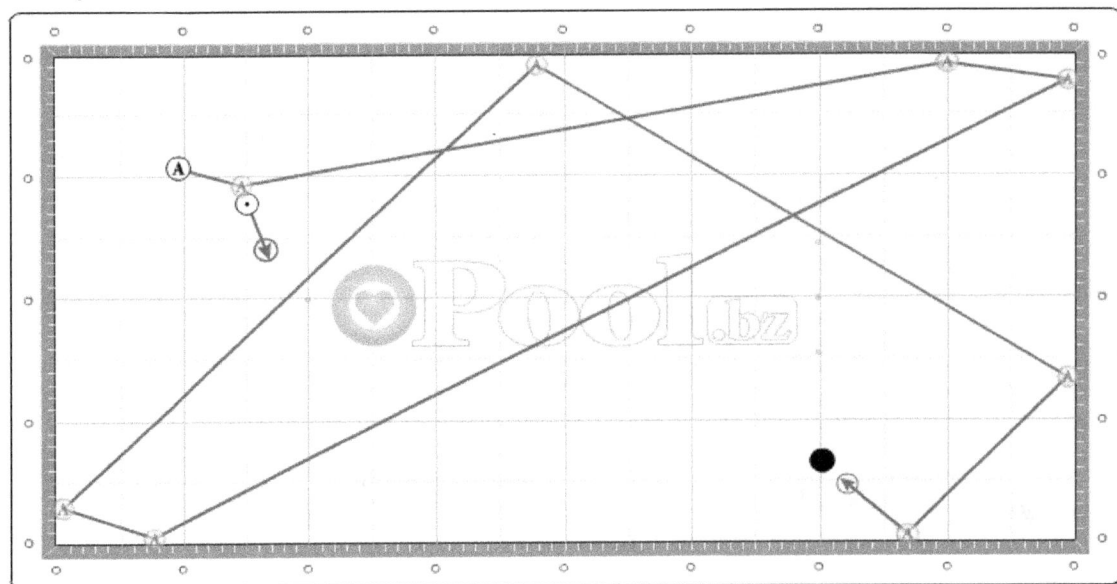

D:2c – Opstelling

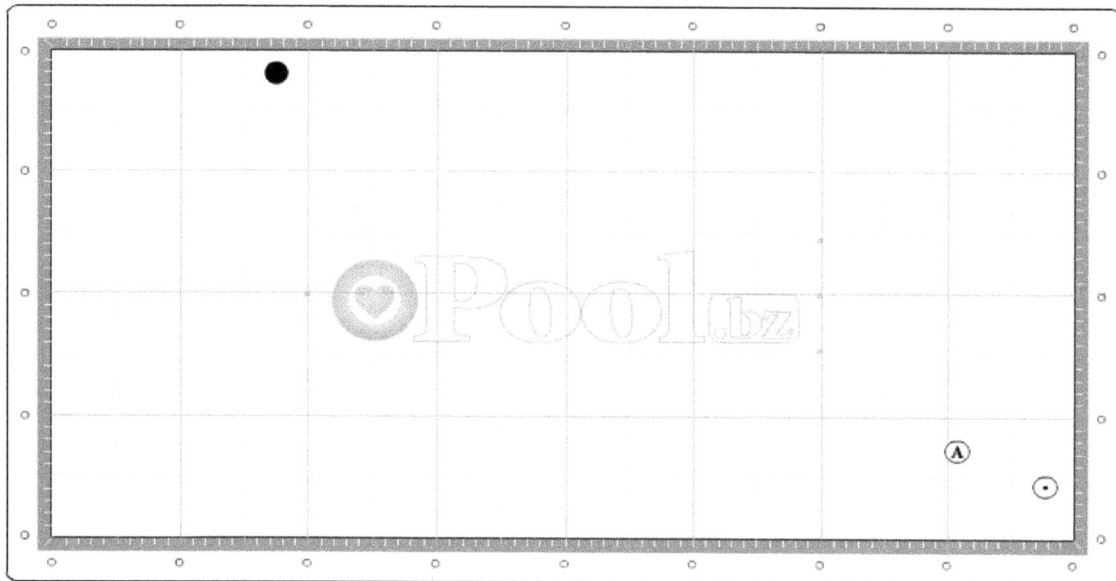

NOTAS VIR JOU IDEES:

Tabelpatroon

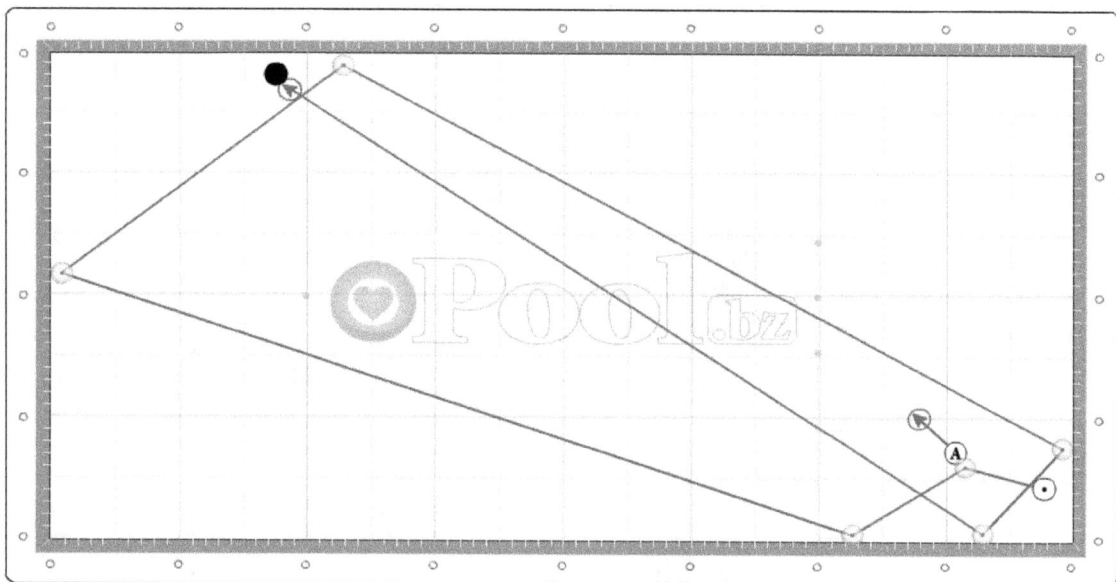

D:2d – Opstelling

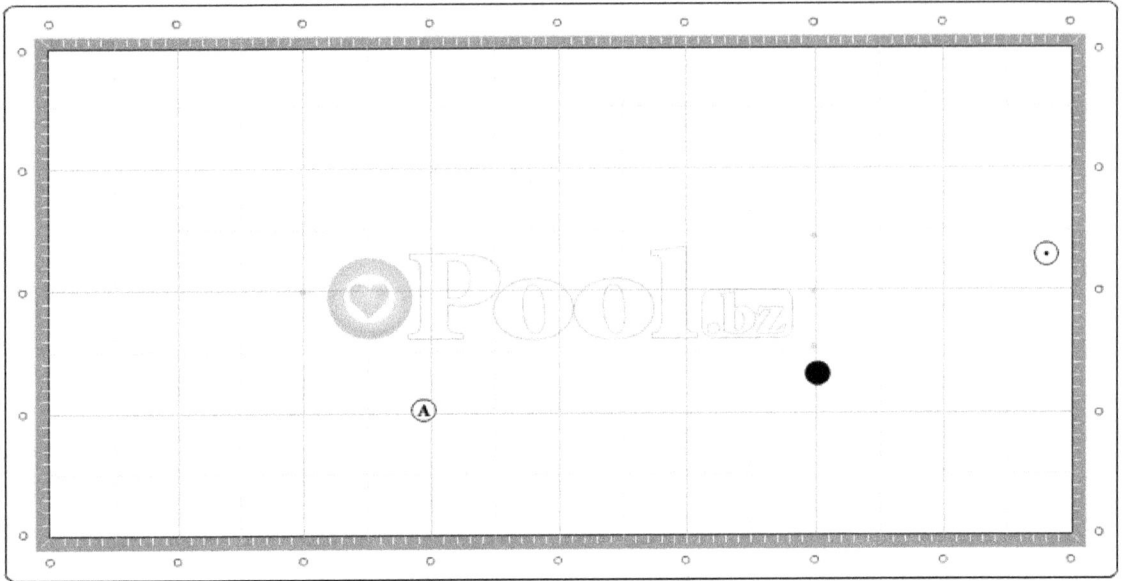

NOTAS VIR JOU IDEES:

Tabelpatroon

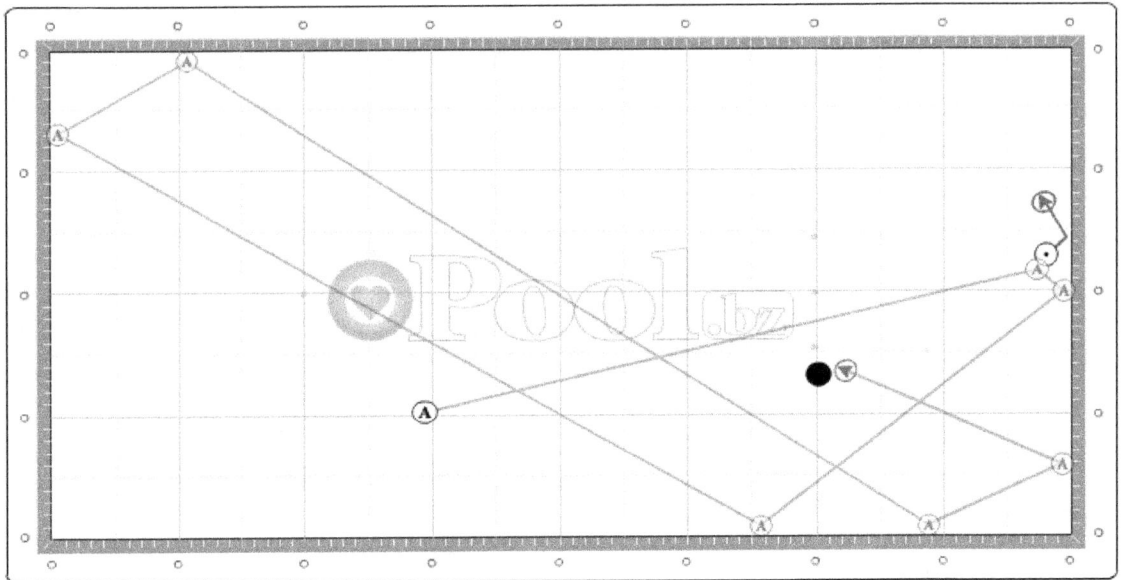

D: Groep 3

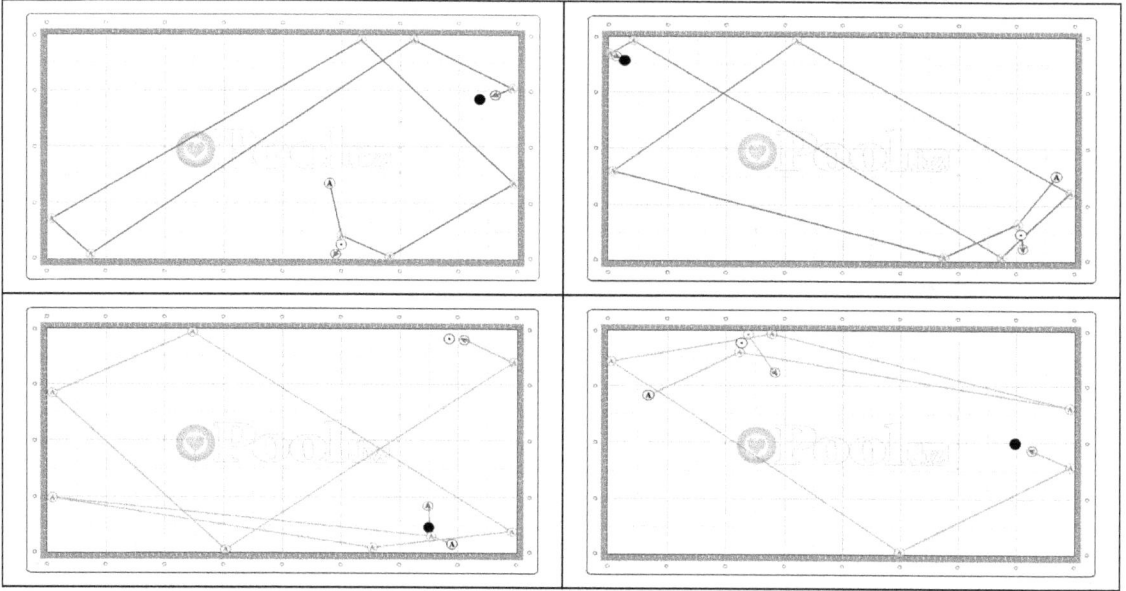

Analise:

D:3a. _____

D:3b. _____

D:3c. _____

D:3d. _____

D:3a – Opstelling

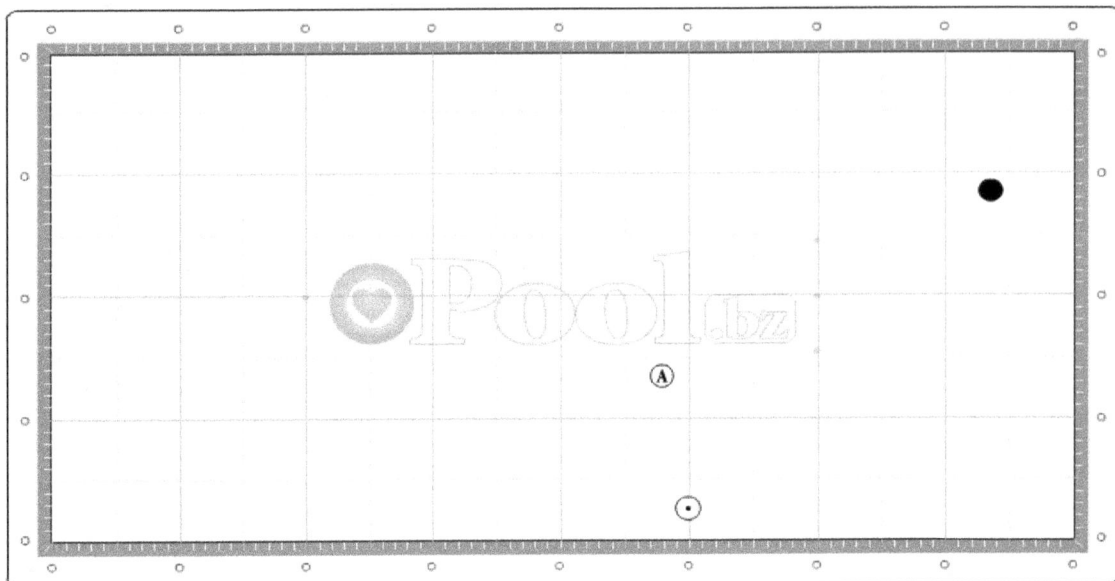

NOTAS VIR JOU IDEES:

Tabelpatroon

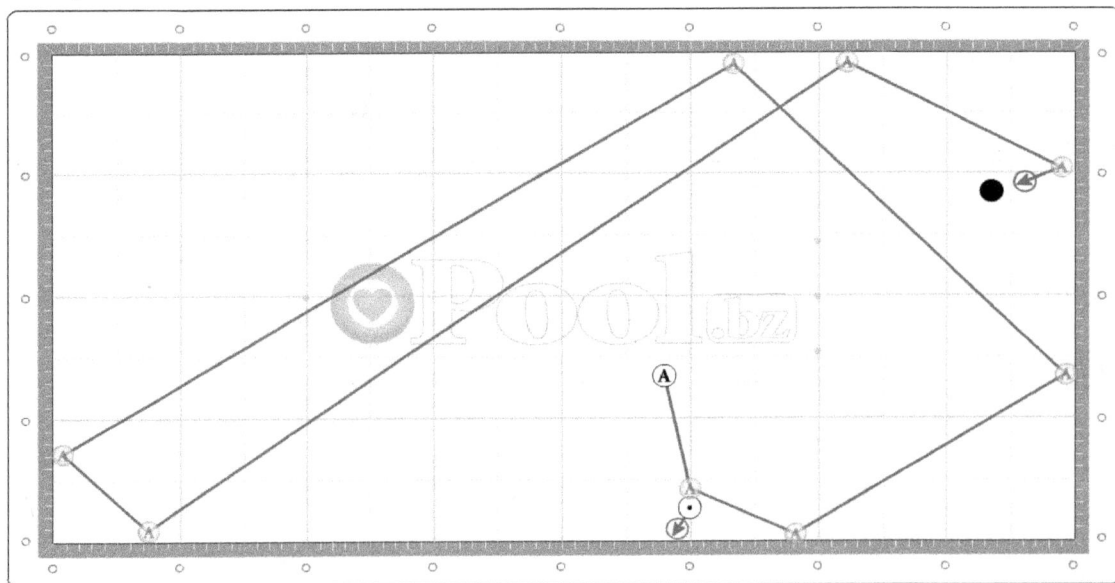

D:3b – Opstelling

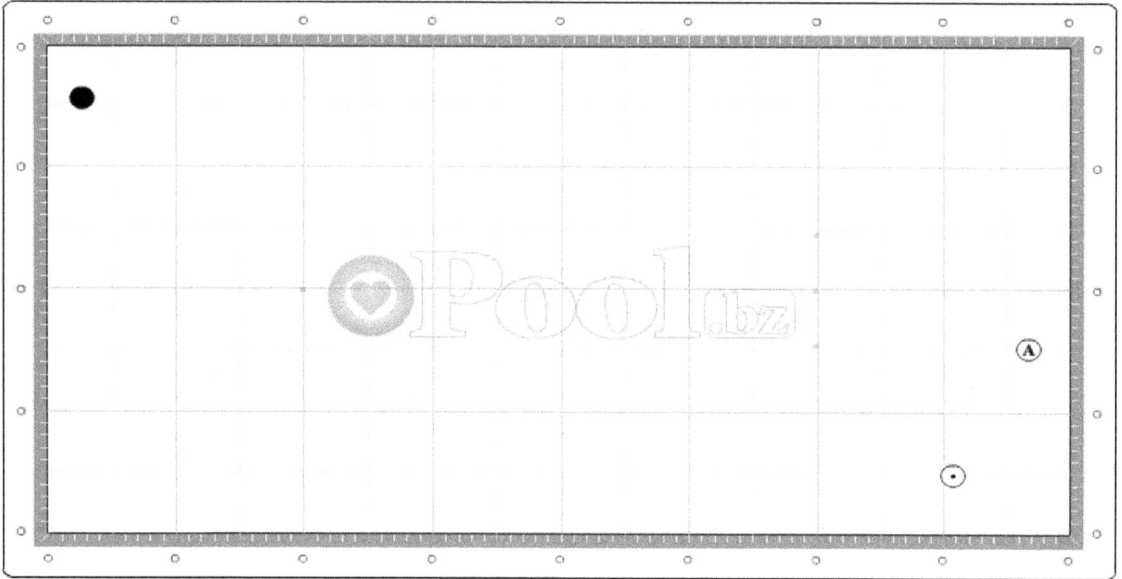

NOTAS VIR JOU IDEES:

Tabelpatroon

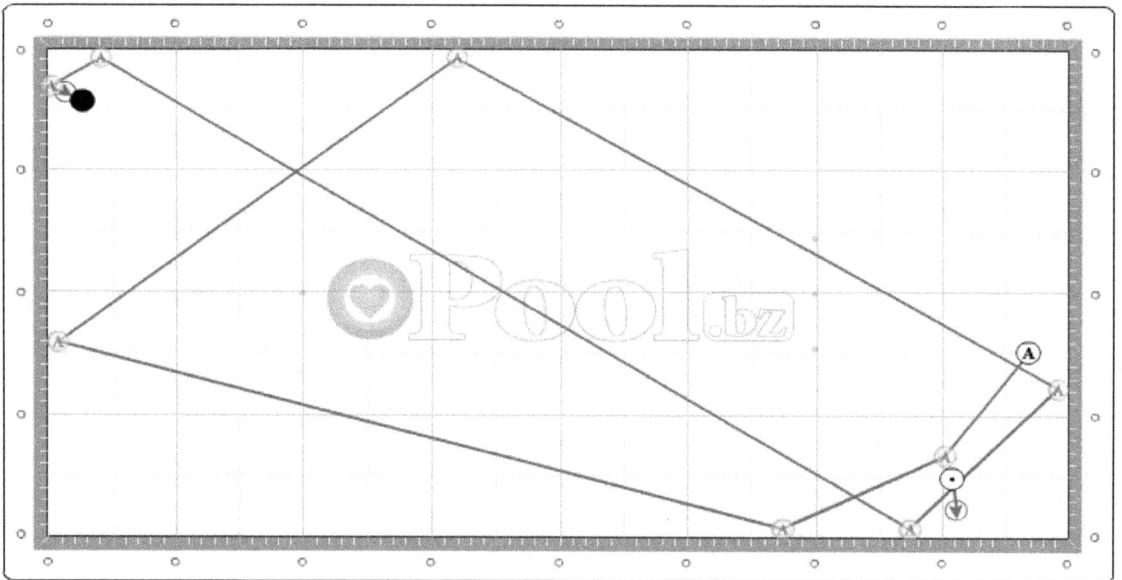

D:3c – Opstelling

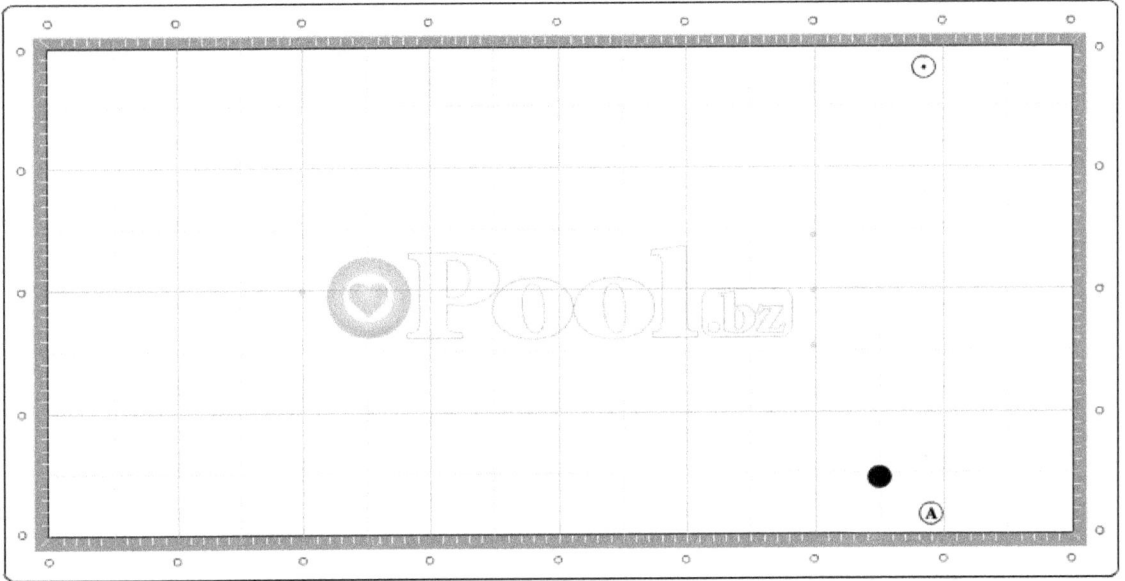

NOTAS VIR JOU IDEES:

Tabelpatroon

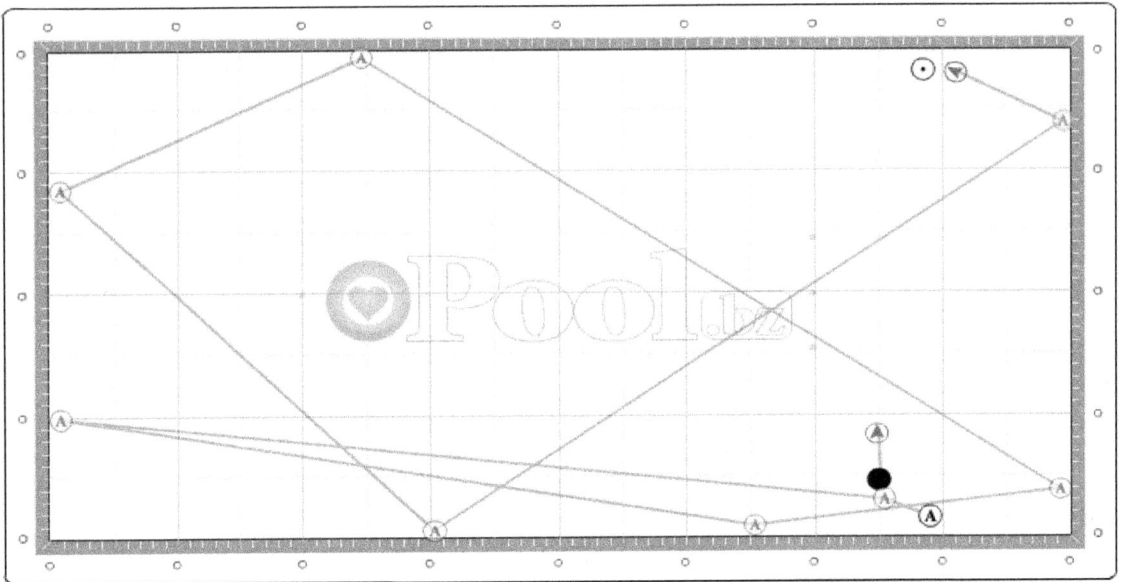

D:3d – Opstelling

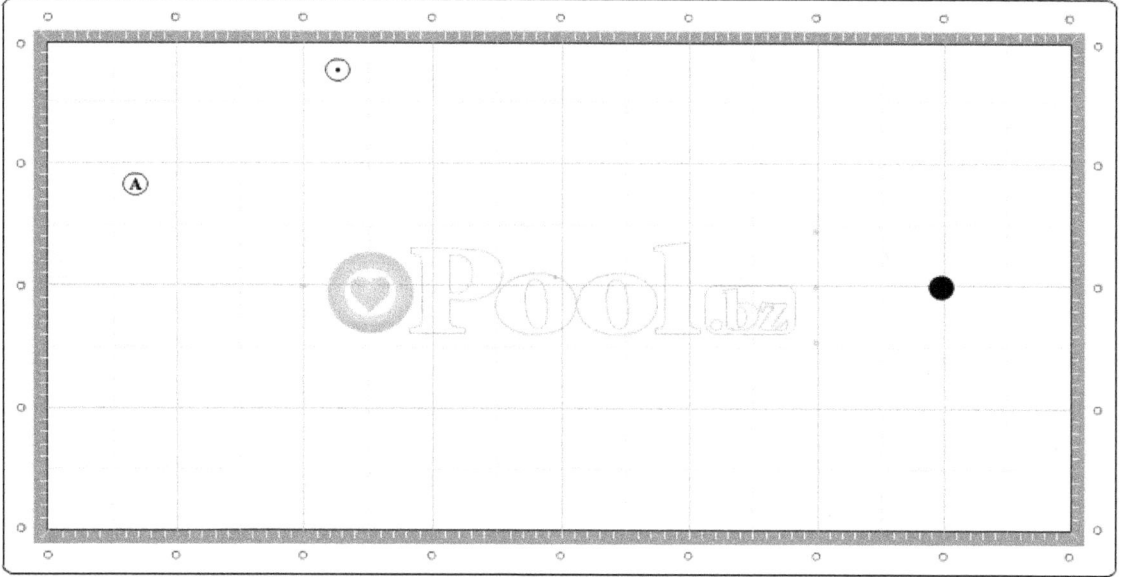

NOTAS VIR JOU IDEES:

Tabelpatroon

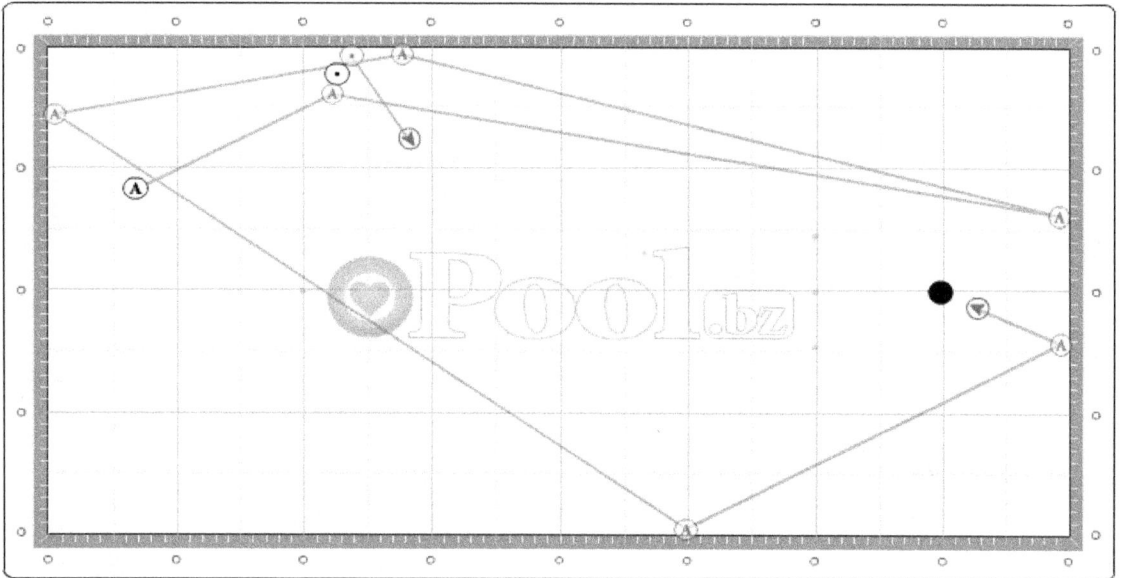

D: Groep 4

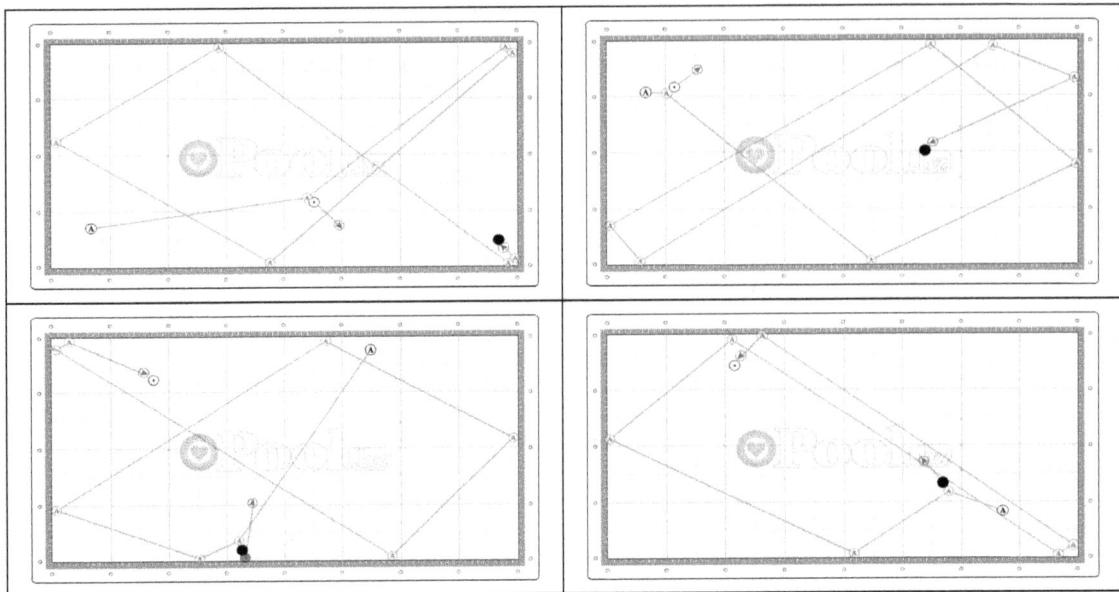

Analise:

D:4a. _____

D:4b. _____

D:4c. _____

D:4d. _____

D:4a – Opstelling

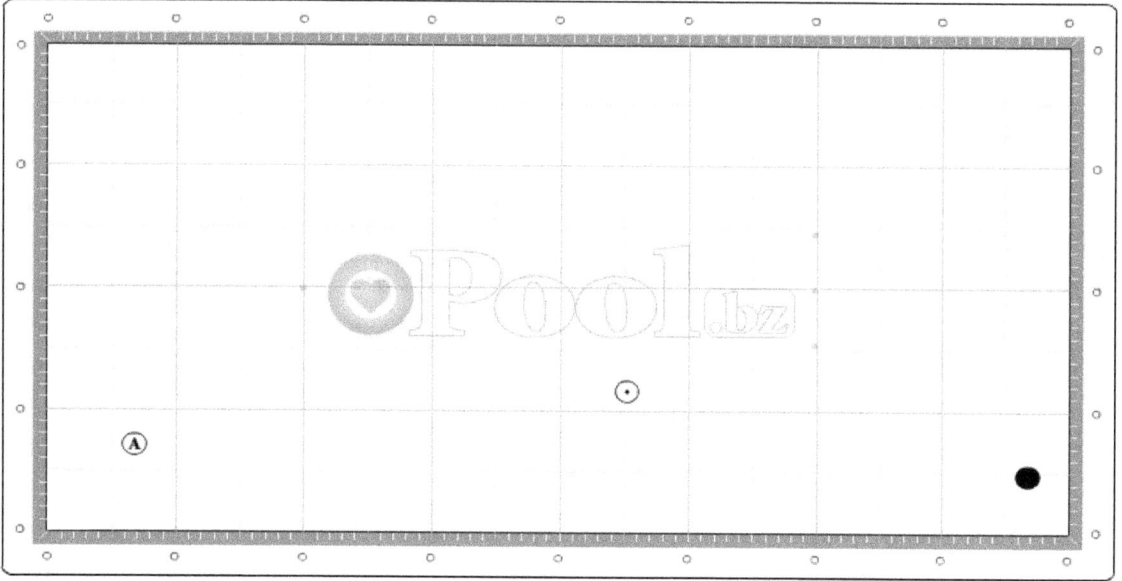

NOTAS VIR JOU IDEES:

Tabelpatroon

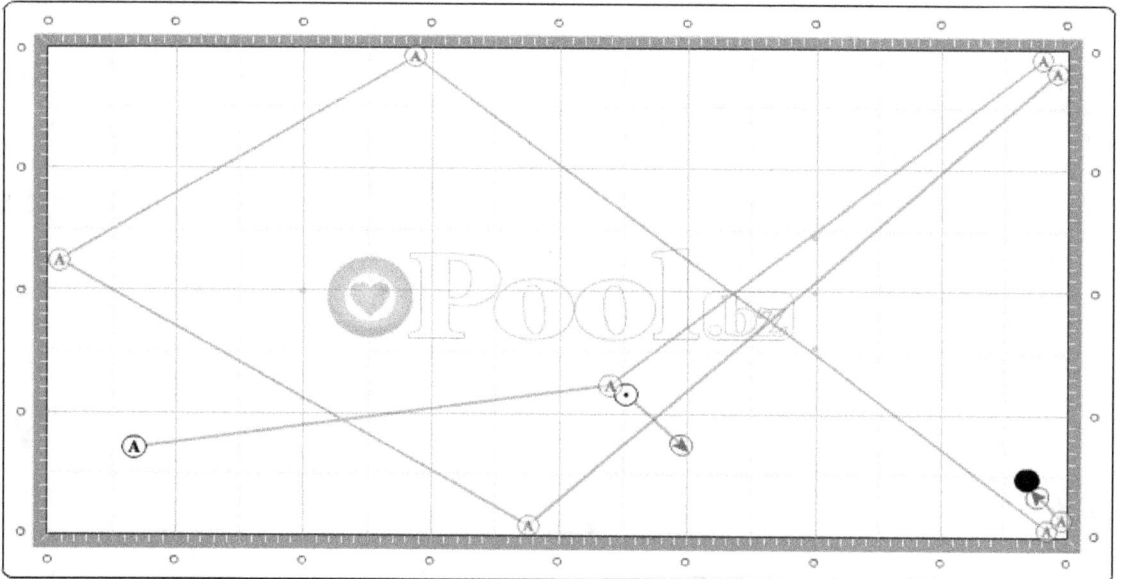

D:4b – Opstelling

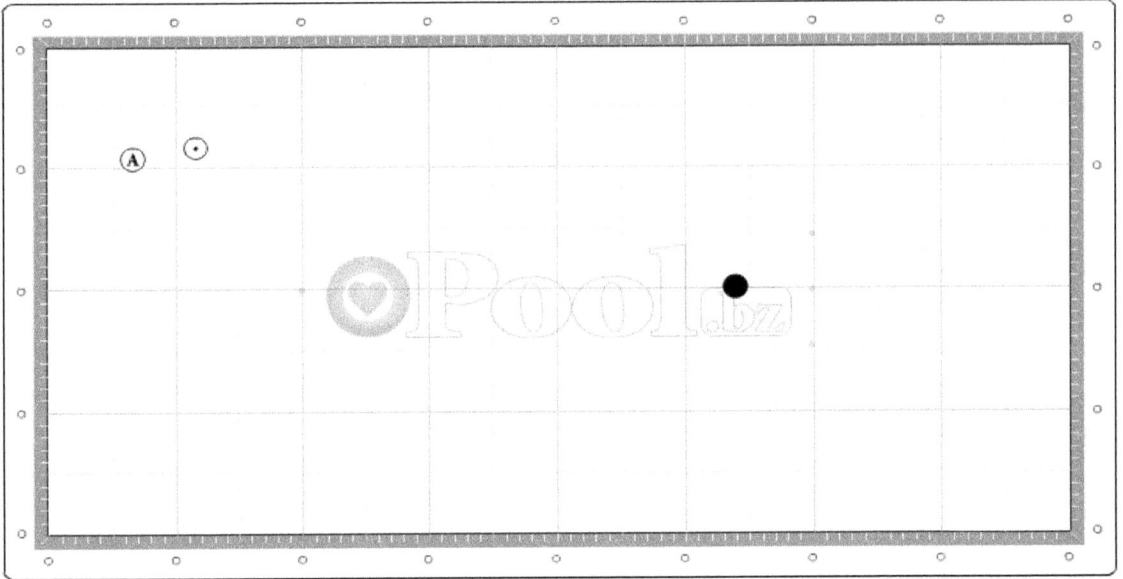

NOTAS VIR JOU IDEES:

Tabelpatroon

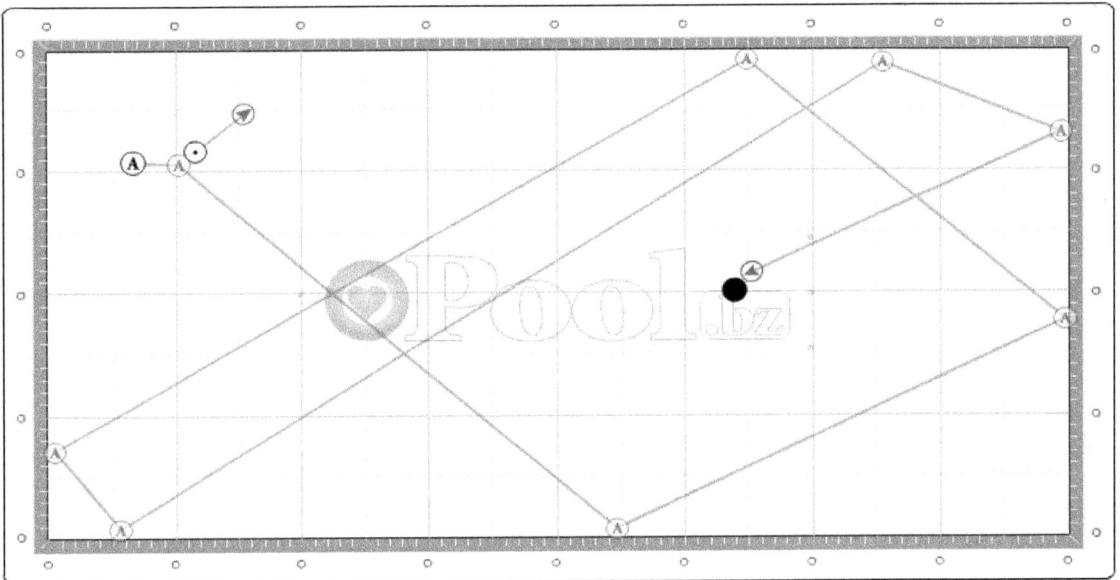

D:4c – Opstelling

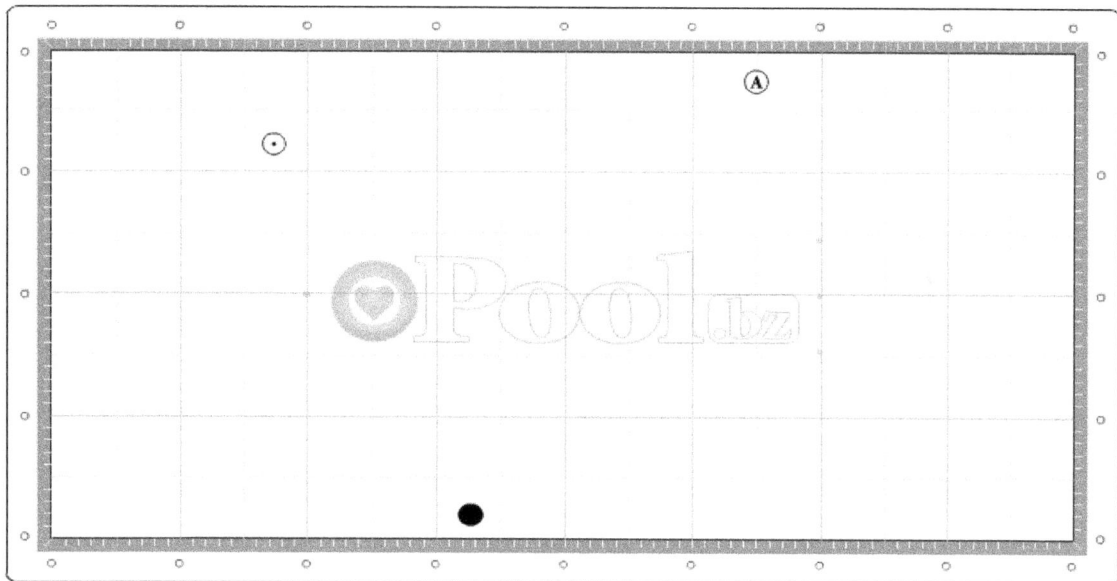

NOTAS VIR JOU IDEES:

Tabelpatroon

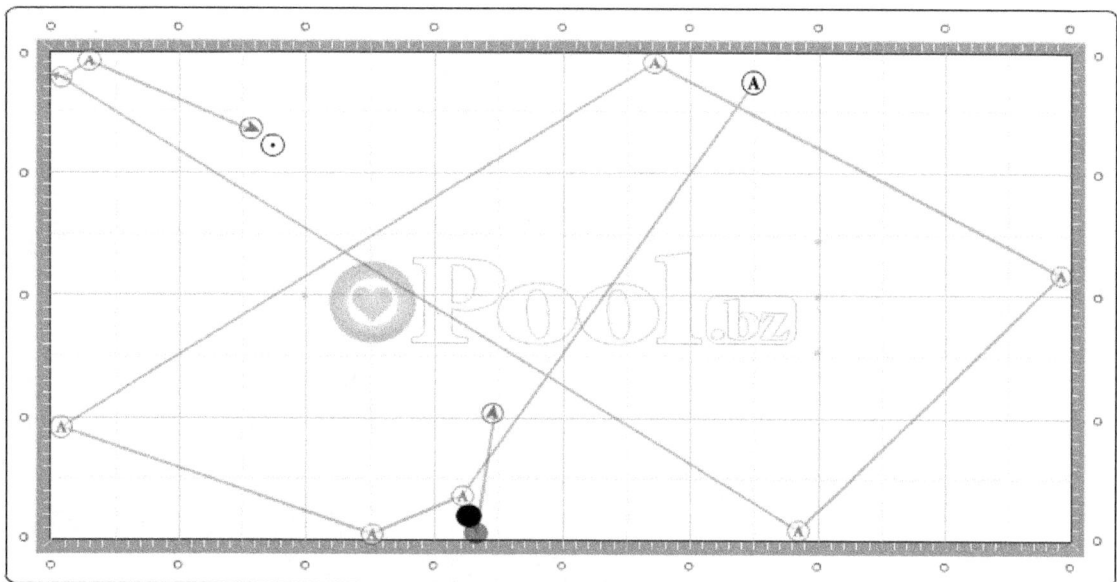

D:4d – Opstelling

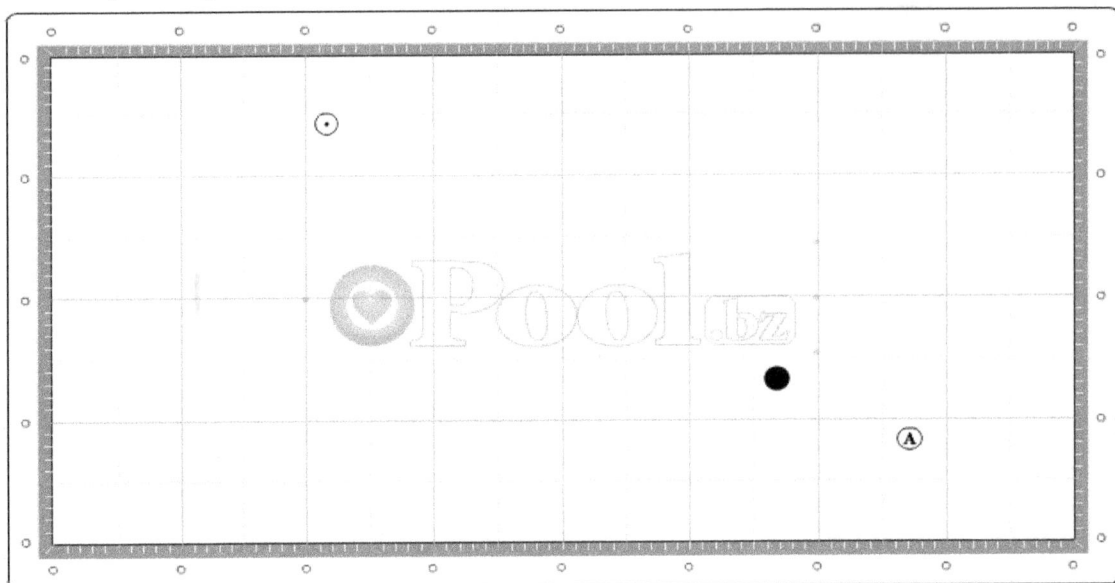

NOTAS VIR JOU IDEES:

Tabelpatroon

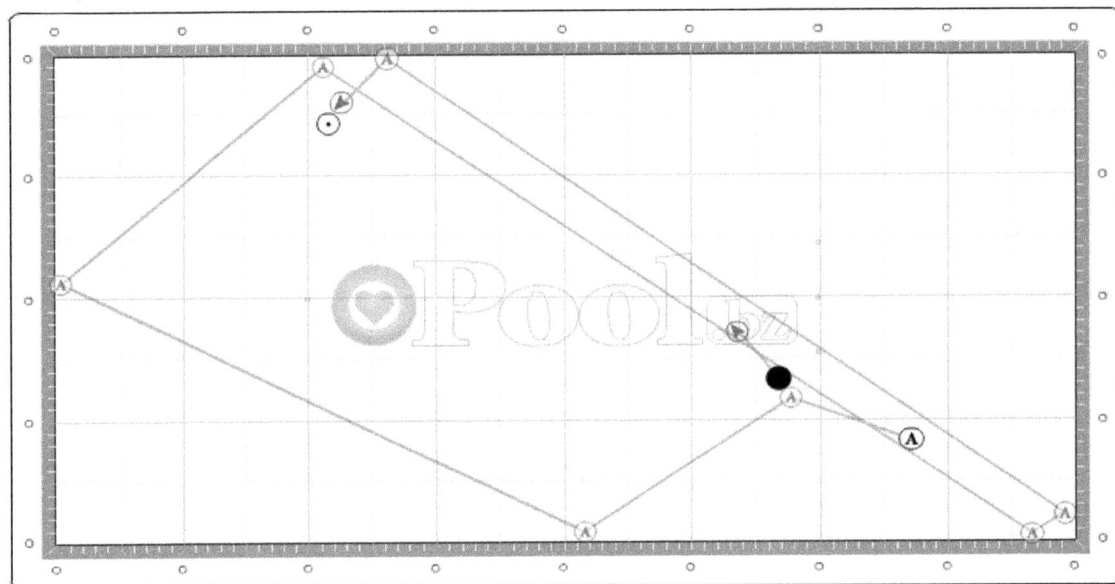

E: Parallele paaie

Hierdie skote het die (CB) van een hoek na 'n ander hoek gestuur, en terug na die eerste hoek. Die (CB) patroon uit is op 'n parallelle lyn na die patroon wat ingaan.

(A) **(CB)** (jou biljartbal) – (•) **(OB)** (teenstander biljartbal) – ⬤ **(OB)** (rooi bal)

E: Groep 1

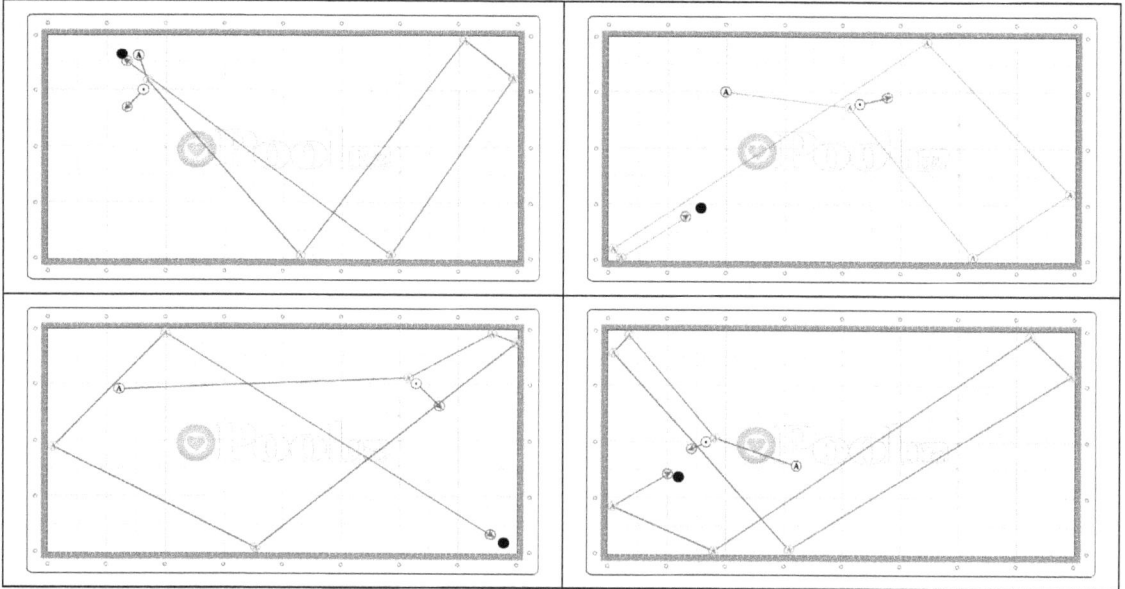

Analise:

E:1a. _____

E:1b. _____

E:1c. _____

E:1d. _____

E:1a – Opstelling

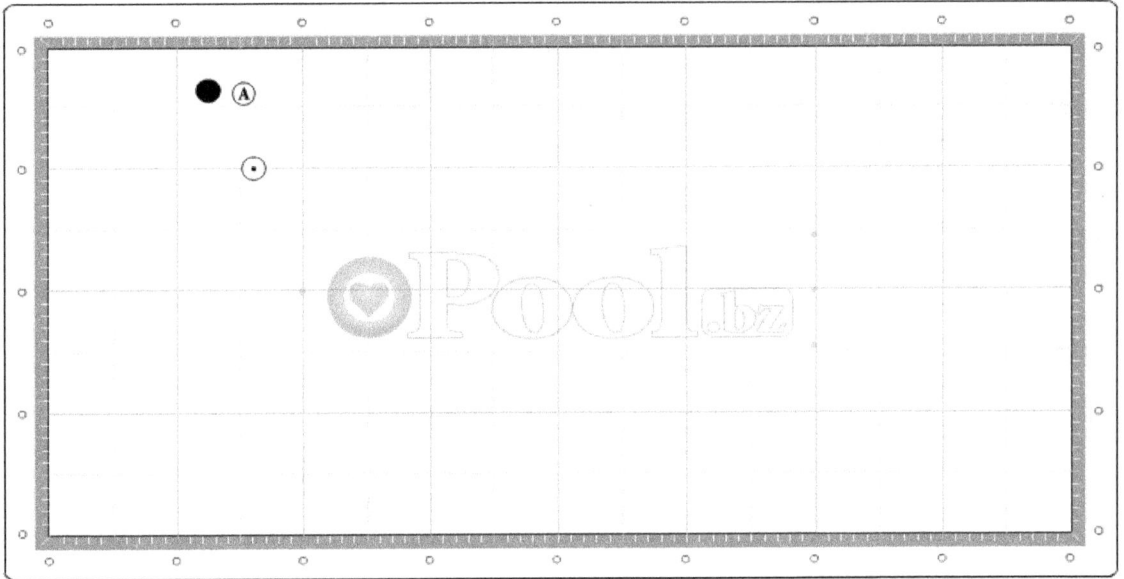

NOTAS VIR JOU IDEES:

Tabelpatroon

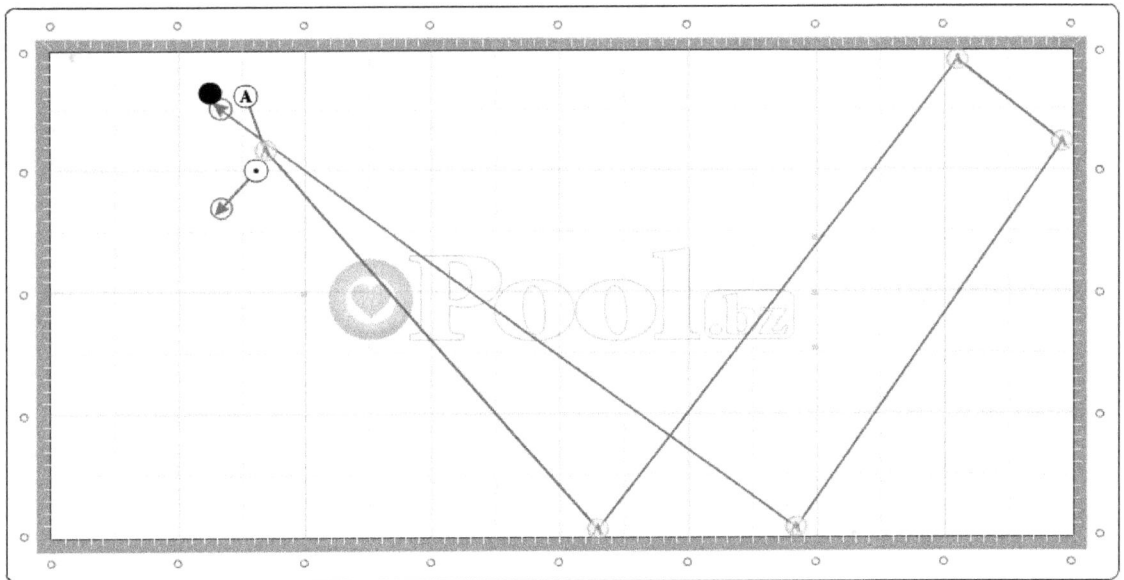

E:1b – Opstelling

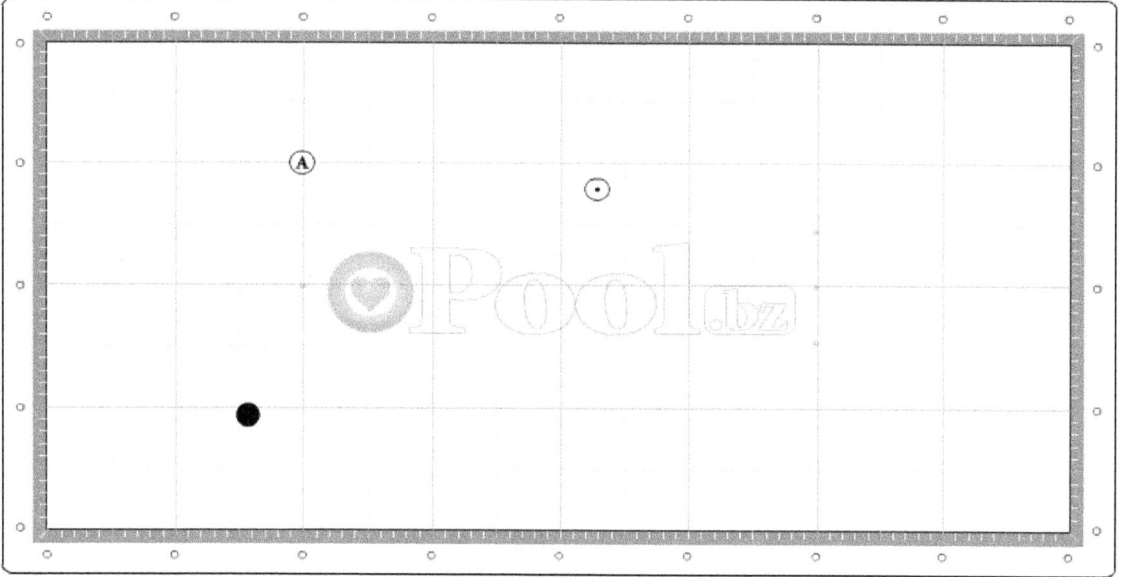

NOTAS VIR JOU IDEES:

Tabelpatroon

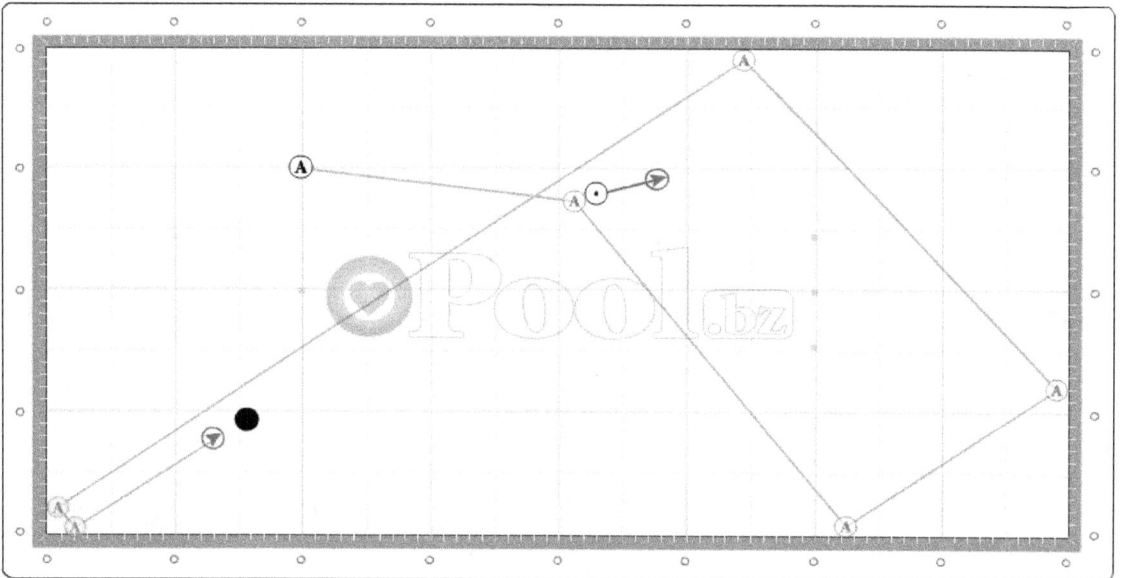

E:1c – Opstelling

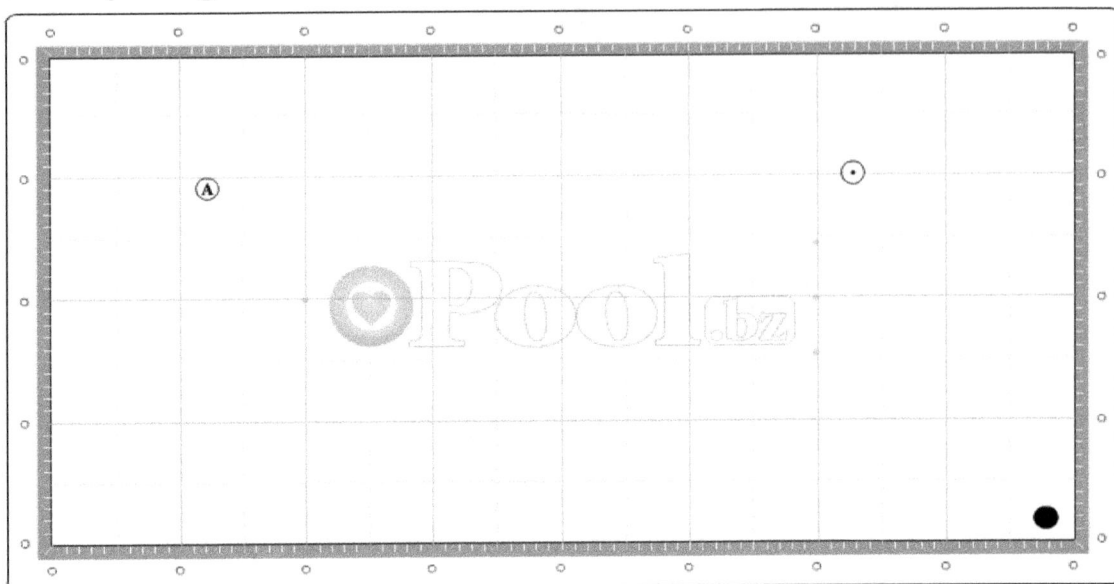

NOTAS VIR JOU IDEES:

Tabelpatroon

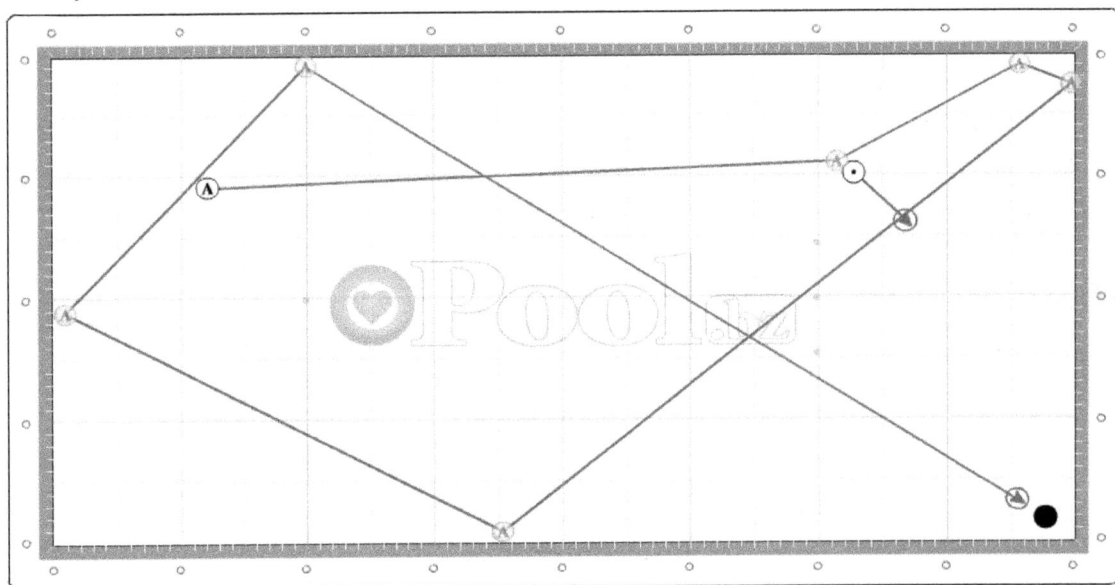

E:1d – Opstelling

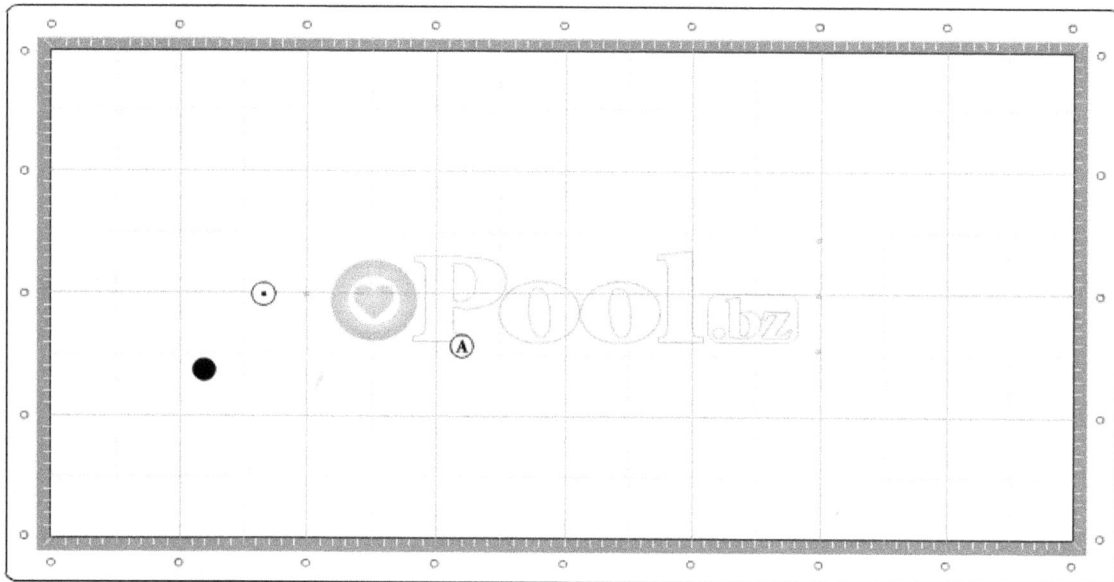

NOTAS VIR JOU IDEES:

Tabelpatroon

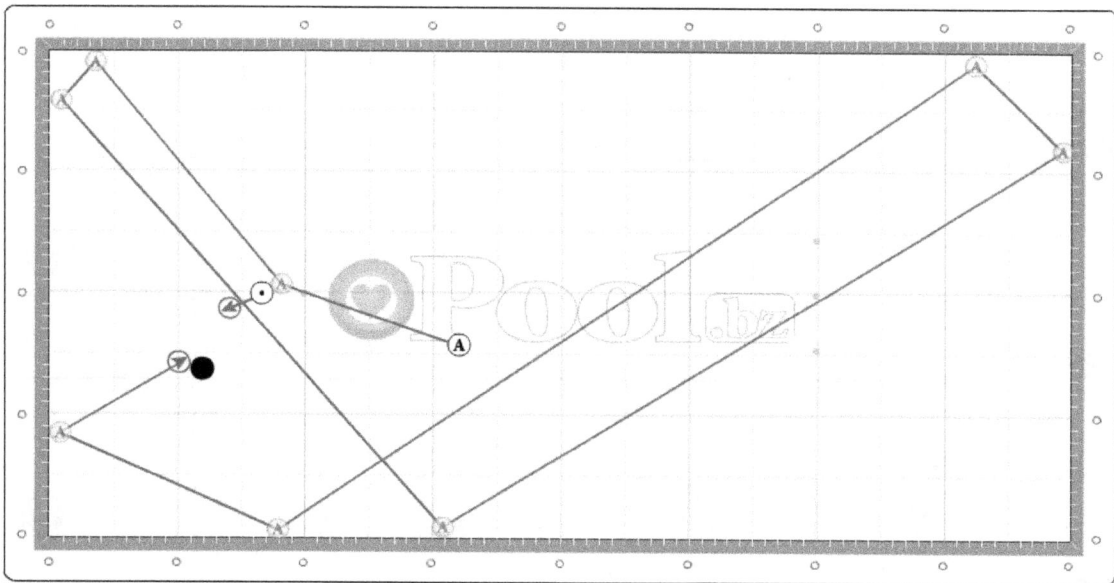

E: Groep 2

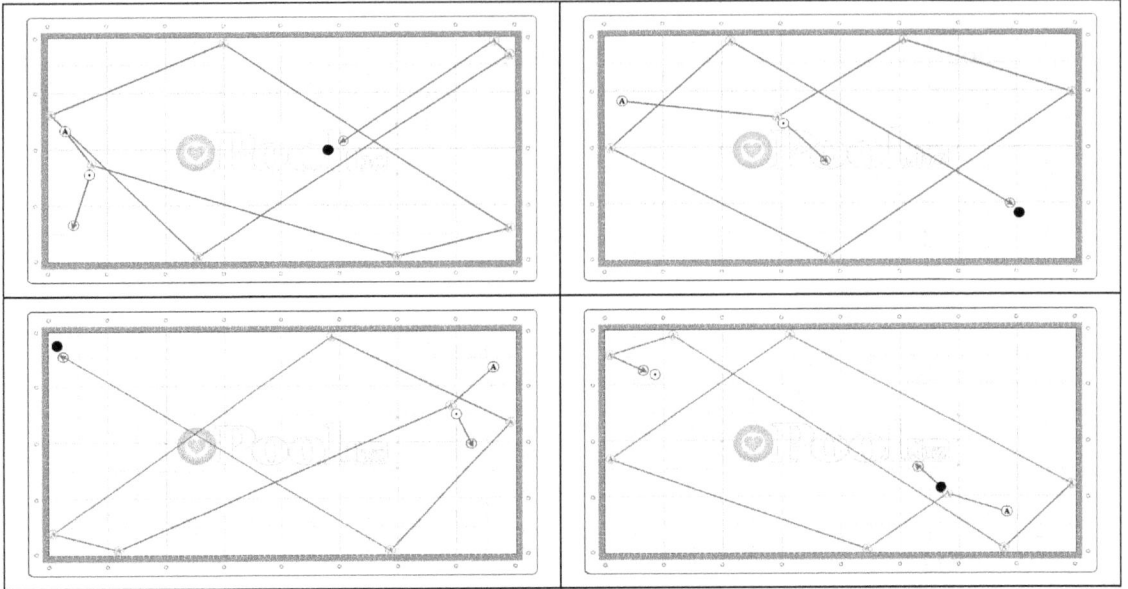

Analise:

E:2a. _____

E:2b. _____

E:2c. _____

E:2d. _____

E:2a – Opstelling

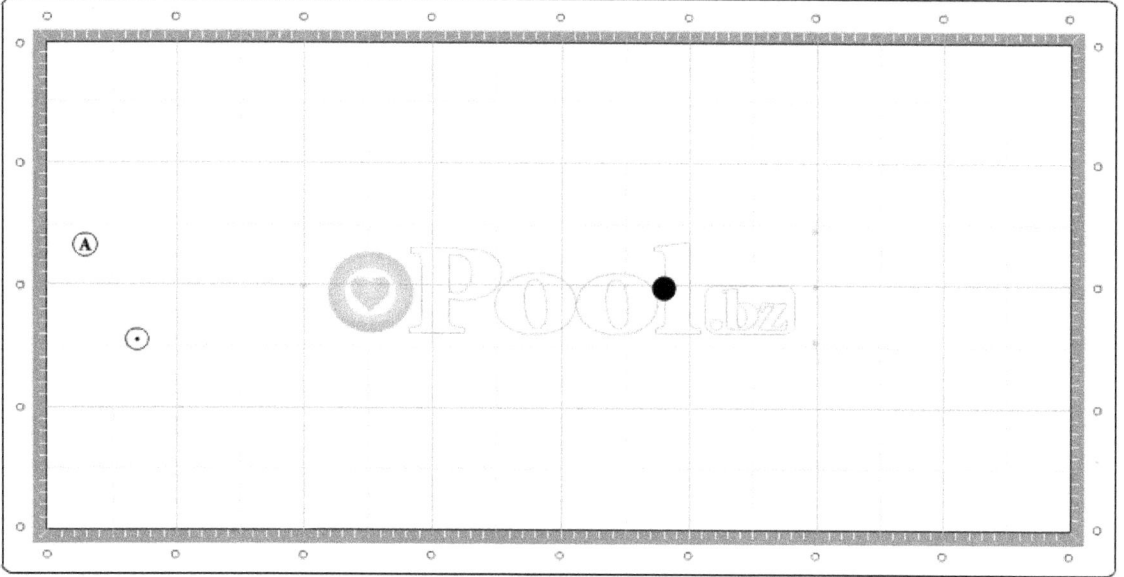

NOTAS VIR JOU IDEES:

Tabelpatroon

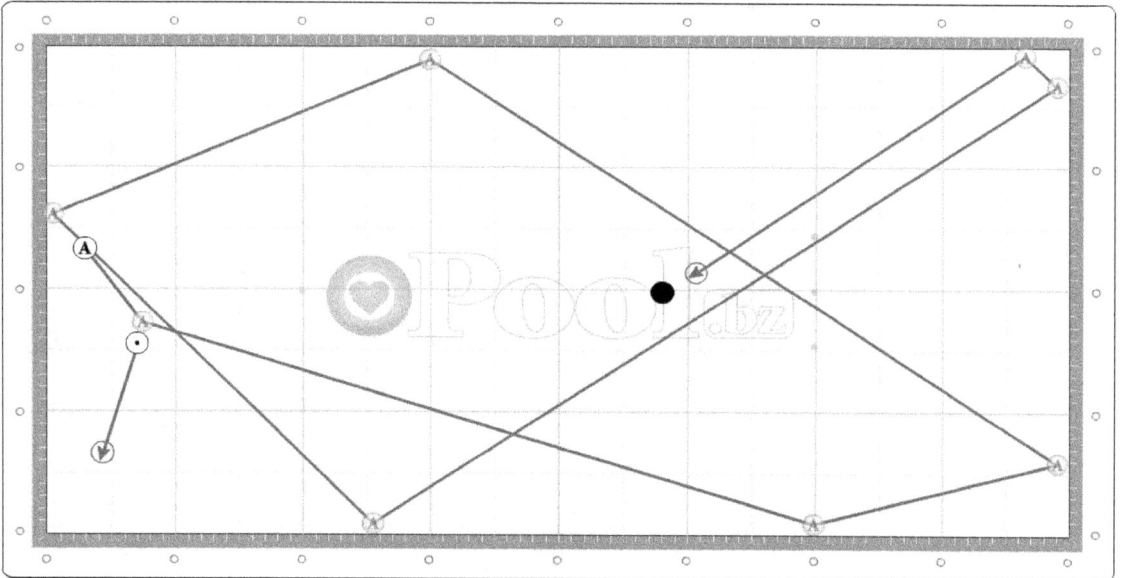

E:2b – Opstelling

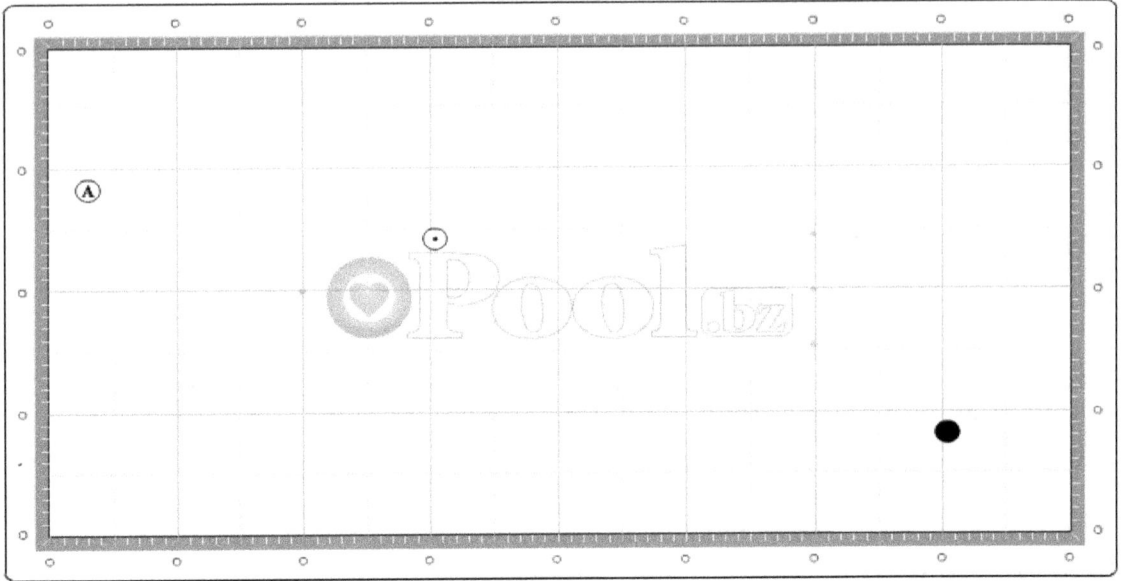

NOTAS VIR JOU IDEES:

Tabelpatroon

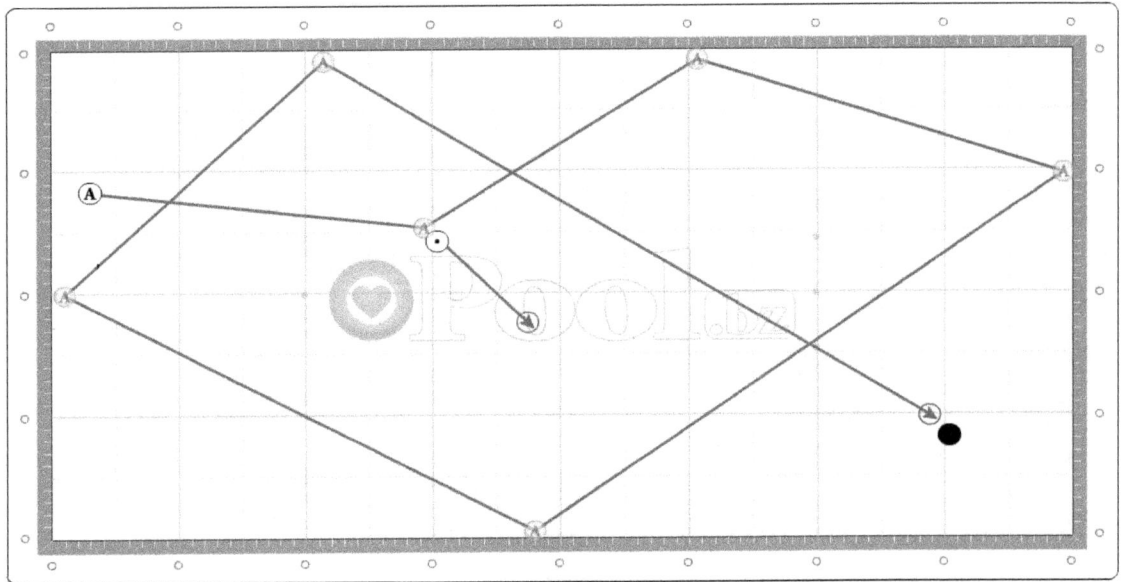

E:2c – Opstelling

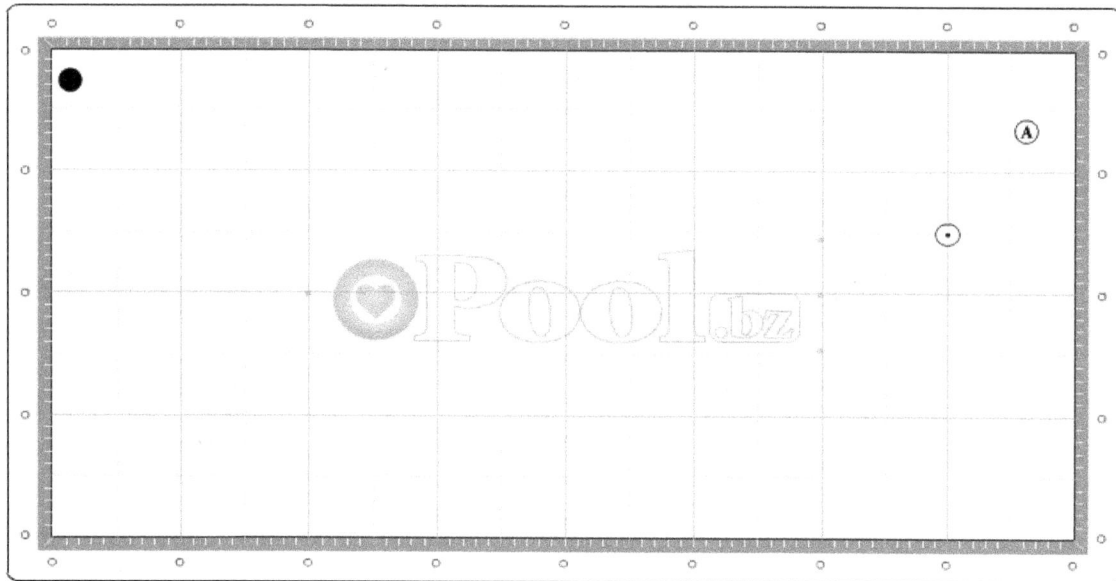

NOTAS VIR JOU IDEES:

Tabelpatroon

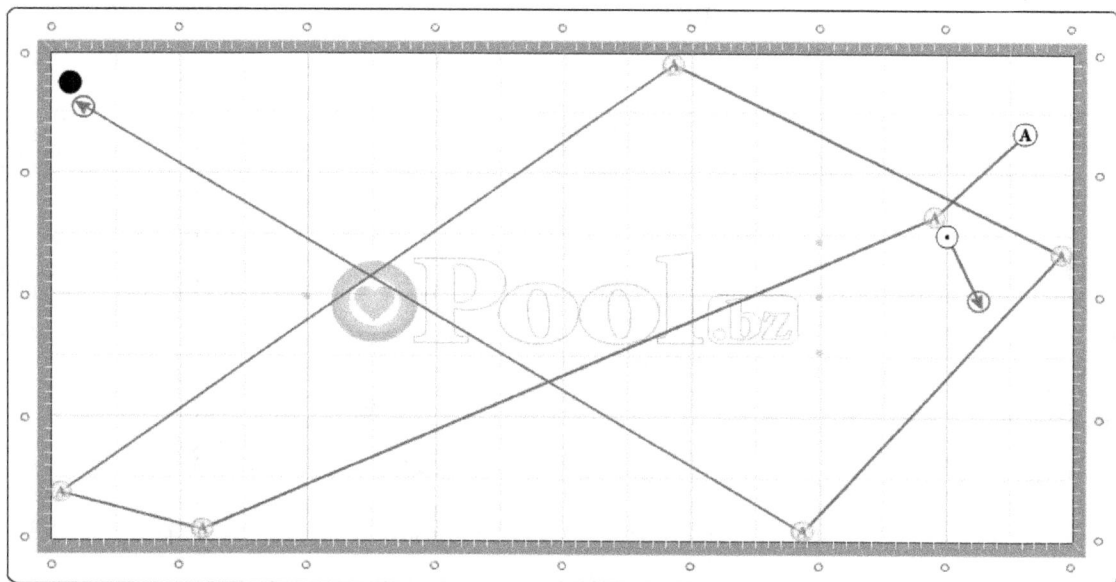

E:2d – Opstelling

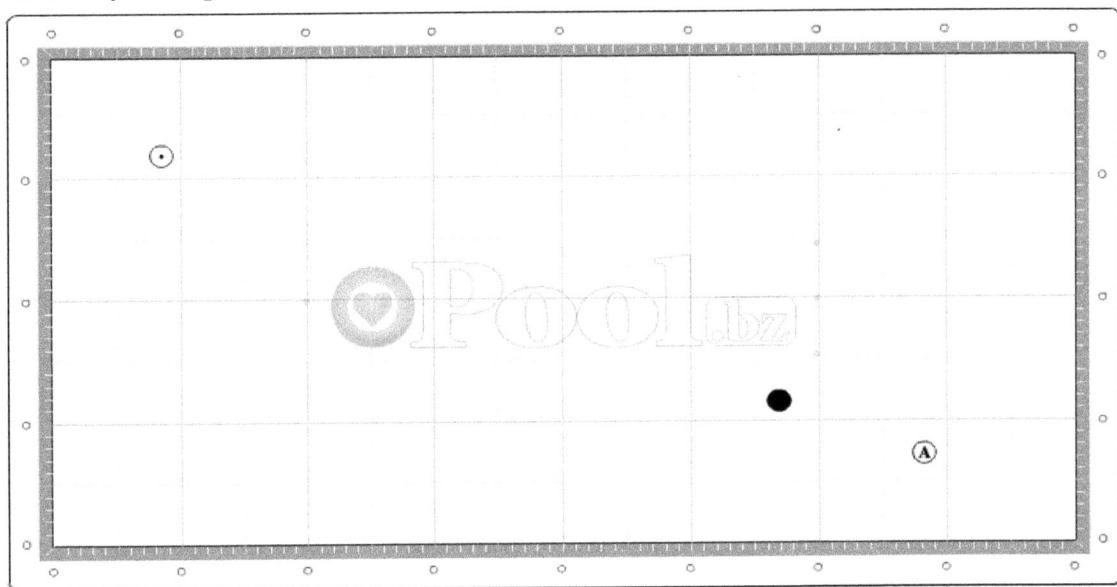

NOTAS VIR JOU IDEES:

Tabelpatroon

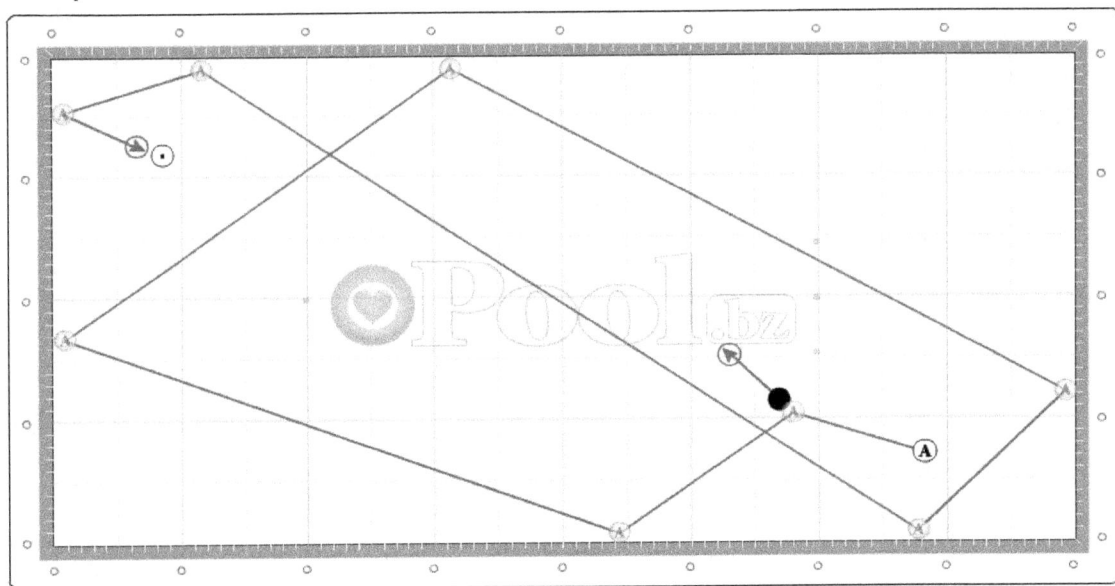

F: Pret en interessant

Hierdie situasies verg baie verbeelding. Die patrone is interessante oplossings vir ongewone konfigurasies.

(A) **(CB)** (jou biljartbal) – ⊙ **(OB)** (teenstander biljartbal) – ● **(OB)** (rooi bal)

F: Groep 1

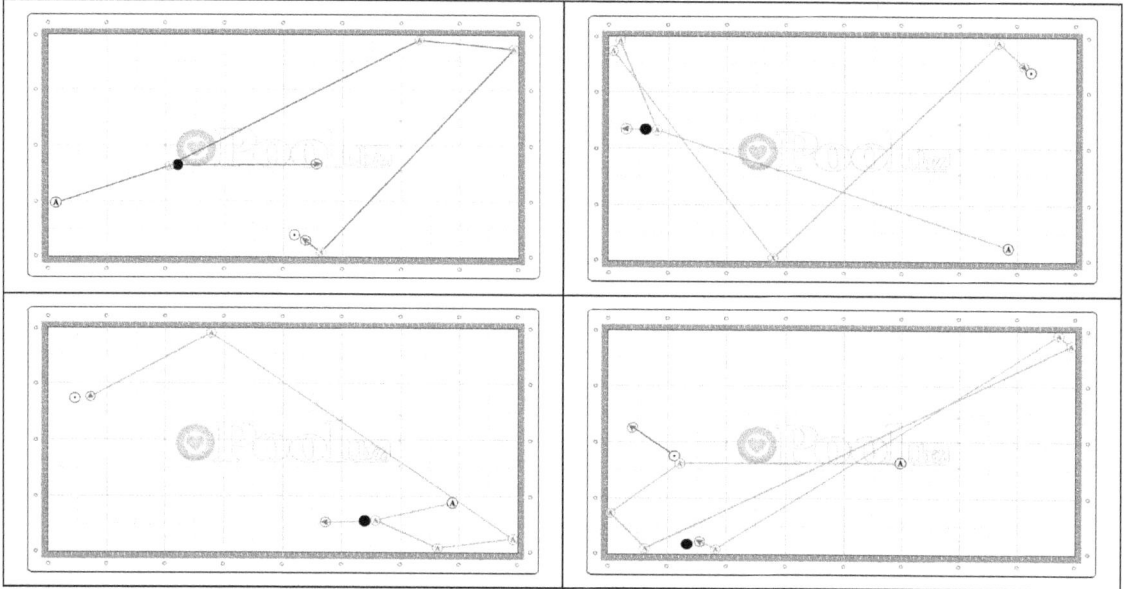

Analise:

F:1a. _____

F:1b. _____

F:1c. _____

F:1d. _____

F:1a – Opstelling

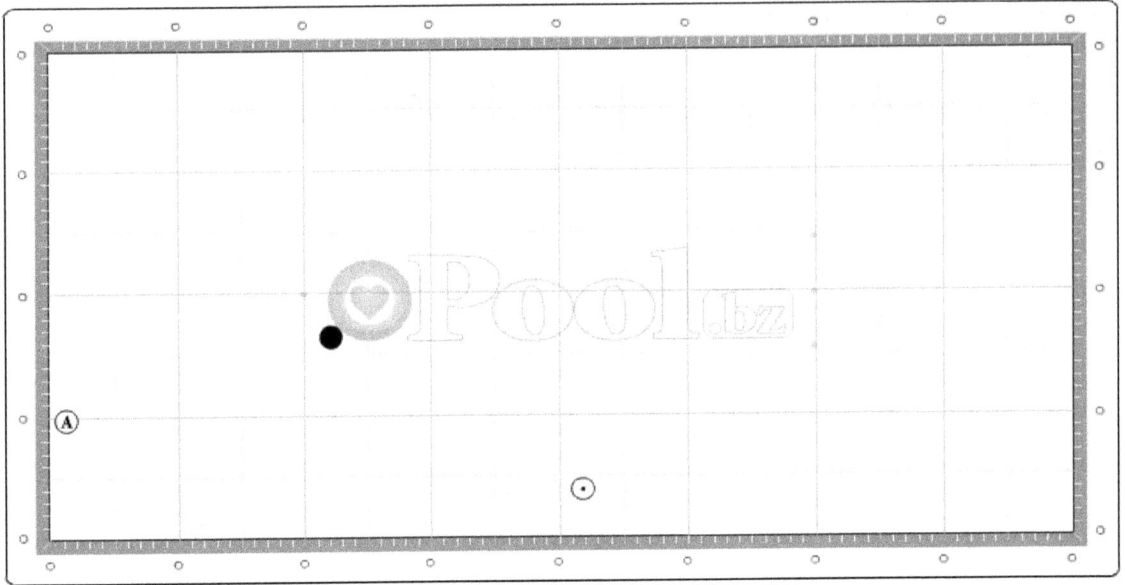

NOTAS VIR JOU IDEES:

Tabelpatroon

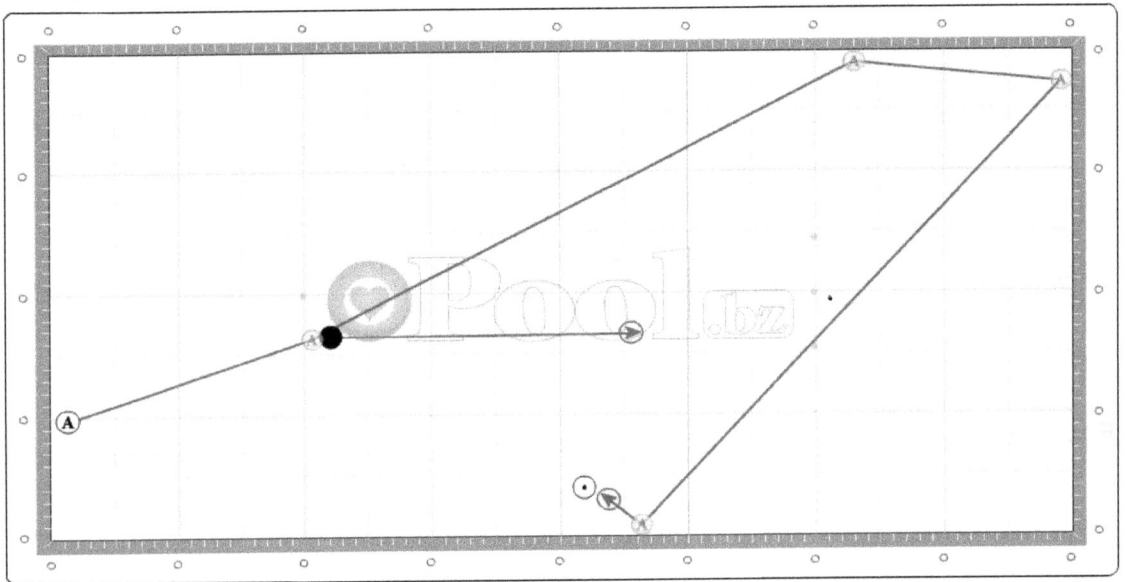

F:1b – Opstelling

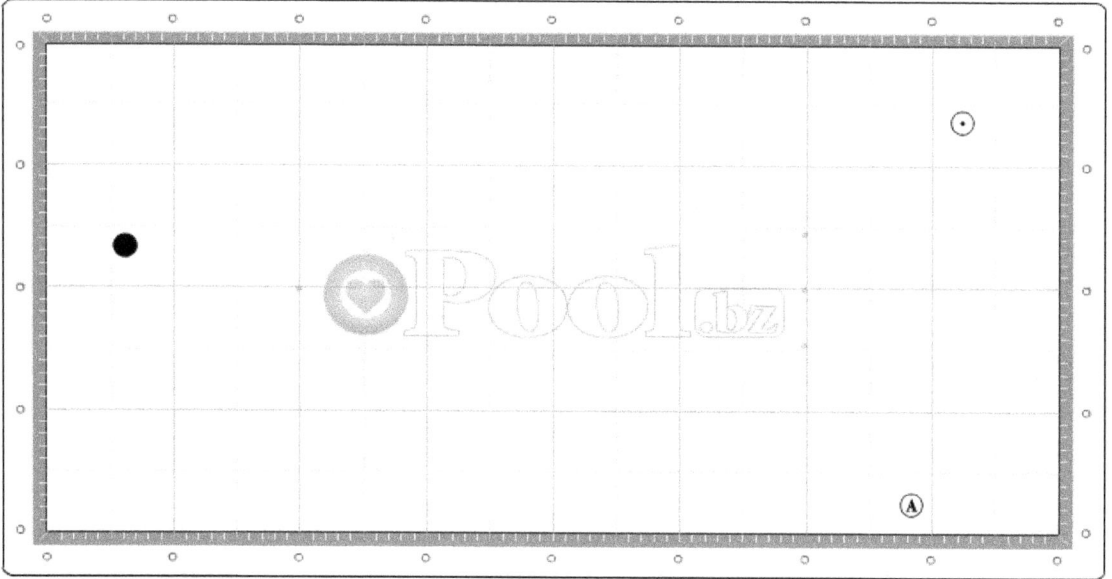

NOTAS VIR JOU IDEES:

Tabelpatroon

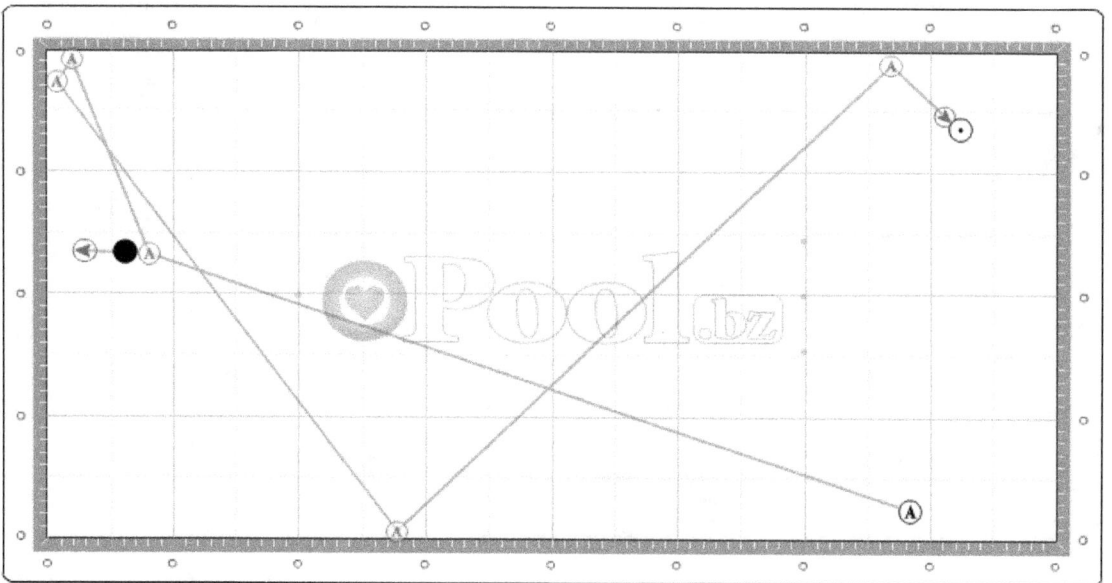

F:1c – Opstelling

NOTAS VIR JOU IDEES:

Tabelpatroon

F:1d – Opstelling

NOTAS VIR JOU IDEES:

Tabelpatroon

F: Groep 2

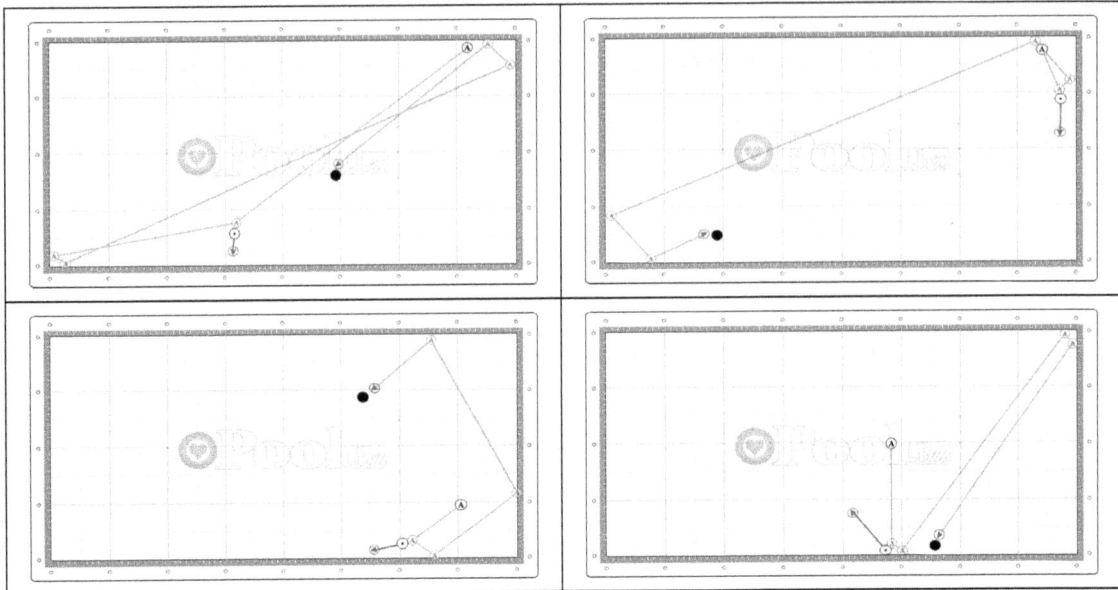

Analise:

F:2a. _____

F:2b. _____

F:2c. _____

F:2d. _____

F:2a – Opstelling

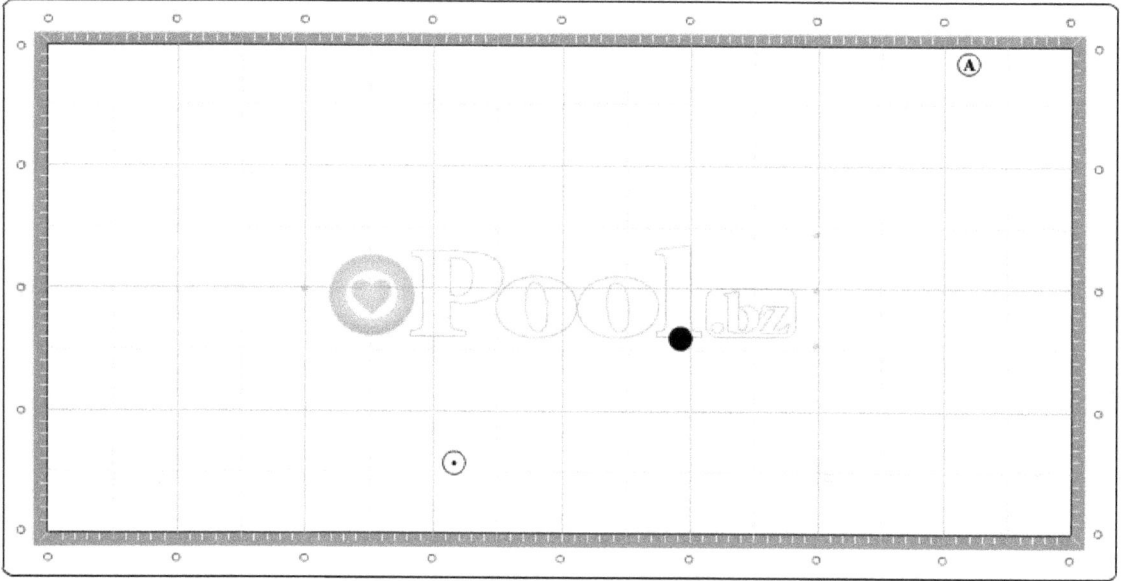

NOTAS VIR JOU IDEES:

Tabelpatroon

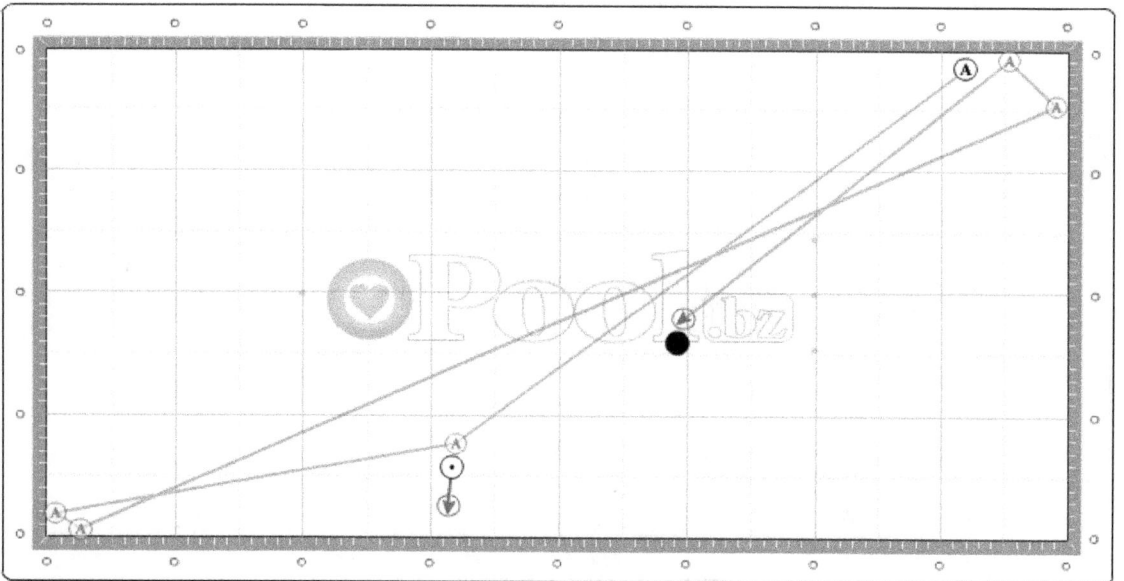

F:2b – Opstelling

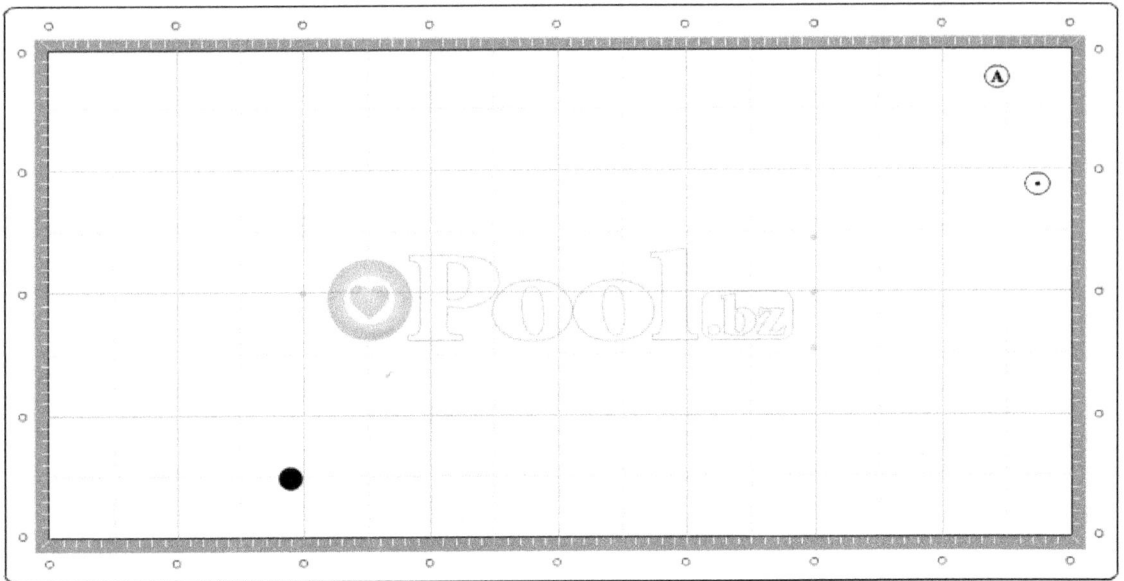

NOTAS VIR JOU IDEES:

Tabelpatroon

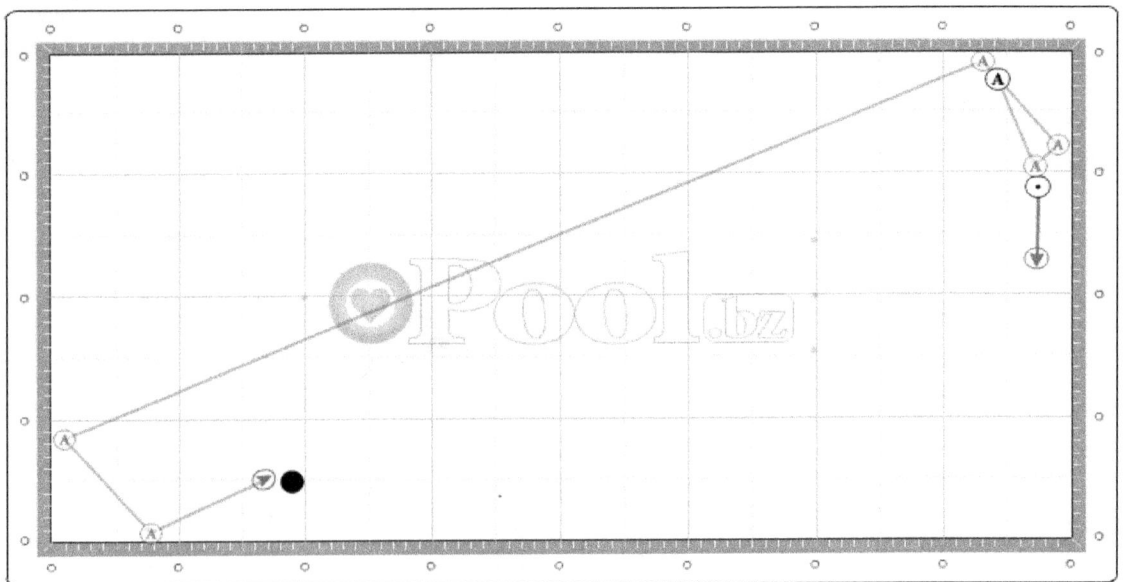

F:2c – Opstelling

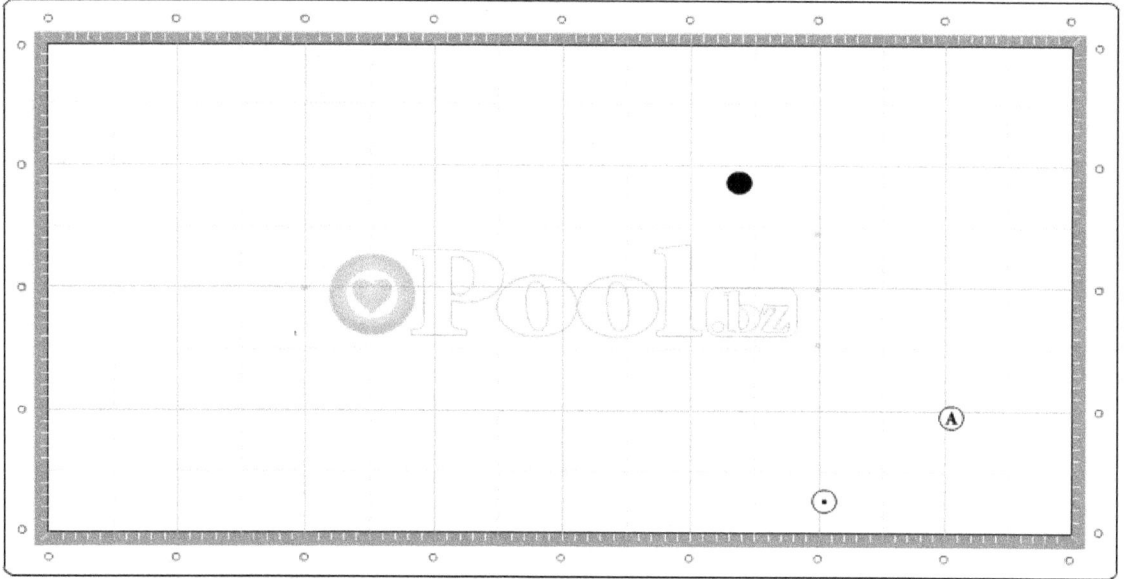

NOTAS VIR JOU IDEES:

Tabelpatroon

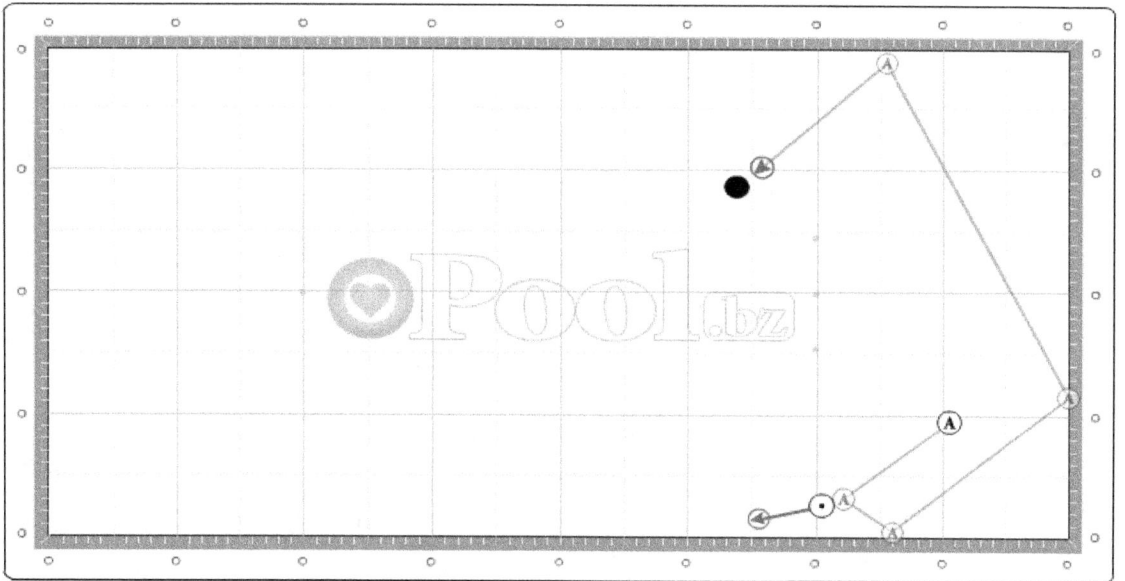

F:2d – Opstelling

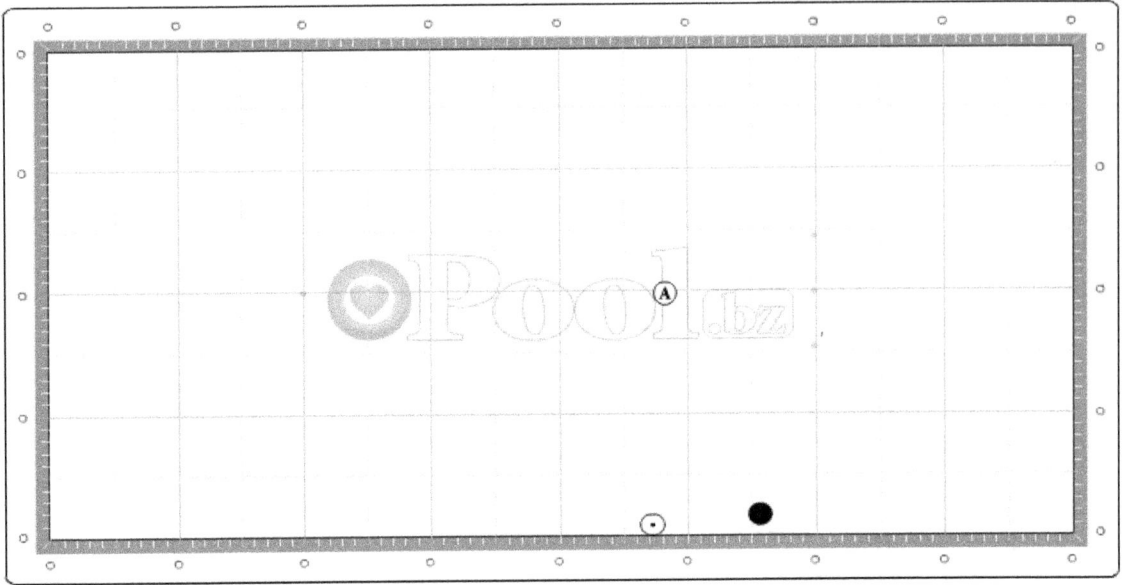

NOTAS VIR JOU IDEES:

Tabelpatroon

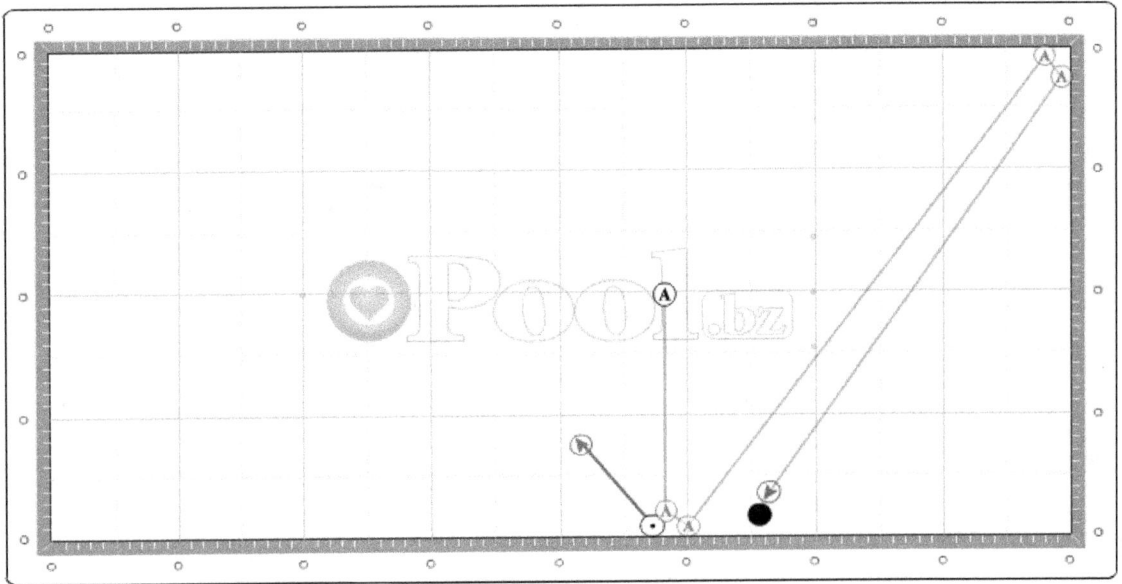

www.ingramcontent.com/pod-product-compliance
Lightning Source LLC
Chambersburg PA
CBHW062051090426
42740CB00016B/3091